解けばしくみがわかる

入門

社会
福祉法人

の会計・税務Q&A

辻・本郷 税理士法人

編著

演習
問題
付き

ぎょうせい

はじめに

　平成28年の社会福祉法改正を経て、社会福祉法人の経営は大きく変わりました。評議員会の必置化や会計監査の一部導入による経営組織のガバナンス強化が行われるとともに、役員報酬基準の公表、毎会計年度の社会福祉充実財産の算定といった財務規律の強化が実施されました。また、他の公益法人等に先駆けて全ての社会福祉法人の計算書類や現況報告書が財務諸表等電子開示システムを通じてインターネットで閲覧できるようになり、事業運営の透明性の向上を果たしたといえます。

　一方、社会福祉法人を取り巻く環境も大きく変化しています。我が国では人口減少や高齢化、地域社会の脆弱化による社会構造の変化で、福祉ニーズはますます多様化・複雑化してきています。社会福祉法人は、既存の社会福祉事業の実施にとどまることなく、非営利セクターの中核としてこうした福祉ニーズへの対応が求められることとなりました。

　さらに、令和2年の社会福祉法改正では、社会福祉法人を中核とする非営利法人の連携・協働化のため、社会福祉連携推進法人制度が新設され、合併・事業譲渡のガイドラインが公表される等、社会福祉法人は今後さらに多様な福祉ニーズに対応できる組織として、その役割が期待されるところです。

　本書では、社会福祉法人の会計や税務に関する疑問をQ＆A形式

で分かりやすく解説するとともに、社会福祉連携推進法人制度や組織再編に関する会計処理等の最新情報も記載しています。社会福祉法人の経理担当者に限らず、評議員・理事・監事等社会福祉法人の経営に携わる方々にも手に取っていただき、社会福祉法人の経営の一助になれば幸いです。

　令和3年1月　　　　　　辻・本郷 税理士法人　理事長　**徳田 孝司**

凡 例

社会福祉法（昭和26年法律第45号）…社会福祉法

社会福祉法人会計基準（平成28年厚生労働省令）…会計基準省令

社会福祉法人会計基準の制定に伴う会計処理等に関する運用上の取扱いについて（平成28年３月31日厚生労働省局長通知）…局長通知

社会福祉法人会計基準の制定に伴う会計処理等に関する運用上の留意事項について（平成28年３月31日厚生労働省課長通知）…課長通知

障害者の日常生活及び社会生活を総合的に支援するための法律（平成17年法律第123号）…障害者総合支援法

就学前の子どもに関する教育、保育等の総合的な提供の推進に関する法律（平成18年法律第77号）…認定こども園法

民間あっせん機関による養子縁組のあっせんに係る児童の保護等に関する法律（平成28年法律第110号）…養子縁組あっせん法

第3章　社会福祉法人の会計処理

第4章 社会福祉法人の決算報告書

第5章　社会福祉充実計画

第 **6** 章　　社会福祉法人の税務

第 1 章

社会福祉法人とは

Q 1 社会福祉法人について教えてください

A 社会福祉法人とは社会福祉事業を行う、営利を目的としない公益法人をいいます。

1 社会福祉法人の概要

　社会福祉法人とは、社会福祉事業を行うために設立される非営利の公益法人です。

　社会福祉法人が実施する社会福祉事業には、老人福祉施設、障害者支援施設、保育所、児童養護施設、救護施設等の事業があります。それらの社会福祉事業のうち、特別養護老人ホームや障害者支援施設など利用者保護の必要性が高い事業は、原則として社会福祉法人と国や地方公共団体しか行うことができません。そのため、社会福祉法人の運営に当たっては、法令で事務手続きが定められており、適正な運営を行うとともに、事業の安定性を確保した経営が求められています。

　また、社会福祉法人は社会福祉事業を主として実施しますが、その社会福祉事業の実施に支障がない限り、公益を目的とする事業（公益事業）、収益を社会福祉事業又は一定の公益事業の経営に充てるための事業（収益事業）を行うことができます。

　社会福祉法人はその公益性の高さから、法人税等は法人税法上の収益事業以外は非課税となっており、共同募金をはじめとした各種助成金や補助金の対象となるなど、社会的な優遇措置を受けています。

❷ 社会福祉法人制度の変遷

　社会福祉法人制度は、昭和26年の社会福祉事業法制定により創設されました。社会福祉法人制度が創設された昭和20年代は戦後の荒廃の中、行政の資源が十分ではなく、困窮者等に対する社会福祉事業の実施に当たり民間資源の活用が必要となりました。一方、行政が担うべき社会福祉の責任を民間に負わせることを防ぐため、公の支配に属しない慈善事業への公金支出は禁止されました（日本国憲法第89条）。そこで、この規定を回避するため、公の支配として行政からの強い規制のもとに助成を受けられる特別な法人として社会福祉法人が創設されました。

　昭和20年代から昭和40年代にかけては社会情勢の変化に伴い、社会福祉六法の成立など社会福祉制度が発展し、社会福祉法人が担う社会福祉事業も多様化していきます。

　平成9年には介護保険法の成立によって、介護サービスは行政によりサービスの対象者と内容が定められる措置制度から利用者がサービスを選択できる契約制度へと転換されました。これに伴い、福祉サービスに多様な経営主体が参入し、サービスの種類や内容の多様化も進みました。介護保険法の成立と同じくして、平成12年には社会福祉基礎構造改革により、社会福祉事業法から改正された社会福祉法に社会福祉法人の経営基盤の強化、福祉サービスの質の向上、事業経営の透明性の確保を目的とする社会福祉法人の経営の原則が法定されました。

　平成28年に公布された社会福祉法等の一部を改正する法律により、地域社会に貢献する社会福祉法人の在り方を徹底するため、社会福祉法人制度について経営組織のガバナンスの強化、事業運営の透明性の向上等の改革が行われました。

年	内容
昭和21年	生活保護法の制定
昭和22年	児童福祉法の制定
昭和24年	身体障害者福祉法の制定
昭和26年	社会福祉事業法（現 社会福祉法）の制定
昭和35年	知的障害者福祉法の制定
昭和38年	老人福祉法の制定
昭和39年	母子及び寡婦福祉法（現 母子及び父子並びに寡婦福祉法）の制定
平成9年	介護保険法の制定
平成12年	社会福祉基礎構造改革
平成17年	障害者自立支援法（現 障害者総合支援法）の制定
平成28年	社会福祉法人制度改革

社会福祉法人が行う事業には どのようなものがありますか

A 主として社会福祉事業を実施しますが、その他に公益を目的とする事業等も実施することができます。

社会福祉法人は、「社会福祉事業を行うことを目的として設立された法人」と定められています（社会福祉法第22条）。ここでいう社会福祉事業とは、社会福祉法に定められている第一種社会福祉事業及び第二種社会福祉事業をいいます。また、社会福祉事業に支障のない限り公益事業及び収益事業を行うことができます。

なお、社会福祉法人の経営の原則等として、「社会福祉事業及び公益事業を行うに当たっては、日常生活又は社会生活上の支援を必要とする者に対して、無料又は低額な料金で、福祉サービスを積極的に提供するよう努めなければならない」と定められています（社会福祉法第24条）。

社会福祉事業		公益事業
第一種	**第二種**	・子育て支援事業 ・入浴、排泄、食事等の支援事業 ・介護予防事業、有料老人ホーム、老人保健施設の経営 ・人材育成事業 ・行政や事業者等の連絡調整事業
・特別養護老人ホーム ・児童養護施設 ・障害者支援施設 ・救護施設 　等	・保育所 ・訪問介護 ・デイサービス ・ショートステイ 　等	**収益事業** ・貸ビル、駐車場、公共的な施設内の売店の経営

❶ 社会福祉事業

　社会福祉事業とは、社会福祉法第2条及び第113条に列挙されている以下の事業をいいます。

第一種社会福祉事業

根拠法	内容	具体例
生活保護法	救護施設、更生施設その他生計困難者を無料又は低額な料金で入所させて生活の扶助を行うことを目的とする施設を経営する事業及び生計困難者に対して助葬を行う事業	救護施設、更生施設、宿泊提供施設等
児童福祉法	乳児院、母子生活支援施設、児童養護施設、障害児入所施設、児童心理治療施設又は児童自立支援施設を経営する事業	乳児院、母子生活支援施設、児童養護施設等
老人福祉法	養護老人ホーム、特別養護老人ホーム又は軽費老人ホームを経営する事業	養護老人ホーム、特別養護老人ホーム、軽費老人ホーム
障害者総合支援法(※1)	障害者支援施設を経営する事業	障害者支援施設
売春防止法	婦人保護施設を経営する事業	婦人保護施設
社会福祉法	授産施設を経営する事業及び生計困難者に対して無利子又は低利で資金を融通する事業	授産施設、生活福祉資金貸付制度
社会福祉法	共同募金を行う事業	共同募金

※1　障害者総合支援法…障害者の日常生活及び社会生活を総合的に支援するための法律

第二種社会福祉事業

根拠法	内容	具体例
社会福祉法 生活困窮者自立支援法	生計困難者に対して、その住居で衣食その他日常の生活必需品若しくはこれに要する金銭を与え、又は生活に関する相談に応ずる事業	自立相談支援事業
生活困窮者自立支援法	認定生活困窮者就労訓練事業	認定就労訓練事業
児童福祉法	障害児通所支援事業、障害児相談支援事業、児童自立生活援助事業、放課後児童健全育成事業、子育て短期支援事業、乳児家庭全戸訪問事業、養育支援訪問事業、地域子育て支援拠点事業、一時預かり事業、小規模住居型児童養育事業、小規模保育事業、病児保育事業又は子育て援助活動支援事業、同法に規定する助産施設、保育所、児童厚生施設又は児童家庭支援センターを経営する事業及び児童の福祉の増進について相談に応ずる事業	障害児通所支援事業、障害児相談支援事業、児童自立生活援助事業、保育所等
認定こども園法 (※2)	幼保連携型認定こども園を経営する事業	幼保連携型認定こども園
養子縁組あっせん法 (※3)	養子縁組あっせん事業	養子縁組あっせん事業
母子及び父子並びに寡婦福祉法	母子家庭日常生活支援事業、父子家庭日常生活支援事業又は寡婦日常生活支援事業及び同法に規定する母子・父子福祉施設を経営する事業	母子家庭日常生活支援事業等

※2　認定こども園法…就学前の子どもに関する教育、保育等の総合的な提供の推進に関する法律
※3　養子縁組あっせん法…民間あっせん機関による養子縁組のあっせんに係る児童の保護等に関する法律

老人福祉法	老人居宅介護等事業、老人デイサービス事業、老人短期入所事業、小規模多機能型居宅介護事業、認知症対応型老人共同生活援助事業又は複合型サービス福祉事業及び同法に規定する老人デイサービスセンター、老人短期入所施設、老人福祉センター又は老人介護支援センターを経営する事業	老人居宅介護等事業、老人デイサービス事業、老人短期入所事業等
障害者総合支援法^(※1)	障害福祉サービス事業、一般相談支援事業、特定相談支援事業又は移動支援事業及び同法に規定する地域活動支援センター又は福祉ホームを経営する事業	障害福祉サービス事業、一般相談支援事業等
身体障害者福祉法	身体障害者生活訓練等事業、手話通訳事業又は介助犬訓練事業若しくは聴導犬訓練事業、同法に規定する身体障害者福祉センター、補装具製作施設、盲導犬訓練施設又は視聴覚障害者情報提供施設を経営する事業及び身体障害者の更生相談に応ずる事業	身体障害者生活訓練等事業、手話通訳事業、介助犬訓練事業等
知的障害者福祉法	知的障害者の更生相談に応ずる事業	知的障害者更生相談所
社会福祉法	生計困難者のために、無料又は低額な料金で、簡易住宅を貸し付け、又は宿泊所その他の施設を利用させる事業	無料低額宿泊事業
社会福祉法	生計困難者のために、無料又は低額な料金で診療を行う事業	無料低額診療事業
社会福祉法	生計困難者に対して、無料又は低額な費用で介護保険法に規定する介護老人保健施設又は介護医療院を利用させる事業	無料低額介護老人保健施設利用事業
社会福祉法	隣保事業	隣保館
社会福祉法	福祉サービス利用援助事業	日常生活自立支援事業
社会福祉法	前項各号及び前各号の事業に関する連絡又は助成を行う事業	助成金事業

❷ 公益事業

　公益事業とは、公益を目的とする事業で以下のような事業をいいます。公益事業は、社会福祉と関係するもので、社会福祉事業の実施に支障がないことや従たる地位にあることが必要です。
・相談、行政・事業者との連絡調整を行う等の事業
・入浴等を支援する事業
・入所施設からの退院・退所を支援する事業
・福祉用具等に関する事業
・ボランティアの育成に関する事業
・社会福祉士等の養成事業
・社会福祉に関する調査研究等
・社会福祉事業のうち、事業規模要件を満たさない事業
・介護保険法に規定する居宅サービス事業等
・有料老人ホームを経営する事業
・福利厚生を図ることを目的とした宿泊所等を経営する事業
・公益団体等に無償又は低額で使用させる会館等を経営する事業

❸ 収益事業

　収益事業とは、その収益を社会福祉事業又は一定の公益事業の経営に充てることを目的とする事業をいいます。収益事業については、事業の種類に制限はありませんが、法人の社会的信用を傷つけるおそれがあるもの又は投機的なものは適当でないとされています。また、公益事業と同様に社会福祉事業の実施に支障がないことや従たる地位にあることが必要です。

❹ 海外事業等

　社会福祉法人は限定的な条件のもとで公益事業または収益事業として海外事業を行うことができます[※4]。海外事業には海外における介護技能実習生候補者の送出し支援や研修事業等が例示されています。また、海外事業を実施するためには、財務や運営上の要件を満たし、所轄庁の承認を得ることが必要とされています。

　なお、介護職員の採用活動及び研修活動については、国内における社会福祉事業の一環として、海外においても実施できることとされています。

※4　社会福祉法人による海外事業の実施等について（平成30年7月2日厚生労働省課長通知）

Q3 社会福祉法人はどのような資産を 保有している必要がありますか

A 社会福祉事業を行うに必要な資産を保有している必要があります。

　社会福祉法人は社会福祉事業を行うに必要な資産を備えなければならないこととされています（社会福祉法第25条）。

　社会福祉法人は、社会福祉事業という公益性の高い事業を安定的、継続的に経営していくことが求められているため、財政面においては確固とした経営基盤を有していることが必要です。

　そのため、社会福祉法人の設立に必要な資産は、基本財産とその他財産、公益事業用財産又は収益事業用財産ごとにそれぞれ次の要件が定められています。設立後も基本財産の処分については所轄庁の承認が必要であり、解散することとなった場合においても残余財産は他の社会福祉法人等又は国庫への帰属しか認められていません。

　また、社会福祉法人は過大な内部留保を有しているとの批判から社会福祉事業等に計画的な再投資を行うことが促されており、その事業を継続するために必要な財産を除いた再投下対象財産（社会福祉充実財産）について、社会福祉充実計画を策定し、既存事業の充実や新たな取組に有効活用しなければなりません。

財産の種類	要件
基本財産	法人存立の基礎となる土地、建物等をいいます。原則として、法人所有又は国・地方公共団体から貸与でなければなりません。

その他財産	基本財産、公益事業用財産及び収益事業用財産以外の財産をいいます。設立の際は年間事業費の12分の1以上に相当する現金、預金等を有している必要があります（介護保険事業等を主とする法人は12分の2）。
公益事業用財産	公益事業の用に供する財産は、他の財産と明確に区分して管理しなければなりません。
収益事業用財産	収益事業の用に供する財産は、他の財産と明確に区分して管理しなければなりません。

Q 4 社会福祉法人の組織体制を教えてください

A 法人組織は評議員会と理事会、監事に大別されます。

❶ 社会福祉法人の経営組織

　社会福祉法人は評議員、評議員会、理事、理事会及び監事を置かなければならないこととされています（社会福祉法第36条）。また、一定規模以上の法人については会計監査人も必置となっています。

　評議員会は評議員7名以上（理事の員数を超える数）により運営され、法人運営の基本ルール・体制を決定するとともに、役員（理事及び監事）の選任・解任等を通じ、事後的に法人運営を監督します。

　理事会は6名以上の理事により運営され、業務執行に関する事項についての意思決定を行います。また、業務を執行し代表権を持つ理事として理事長1名を選定しなければなりません。理事長以外にも業務を執行する理事として業務執行理事を選定することができます。

　監事は理事の職務執行を監査し、監査報告の作成や計算書類等の監査を行います。

　会計監査人は一定規模以上の法人（特定社会福祉法人）及び任意設置した法人に対して、計算書類等の監査を行います。特定社会福祉法人は収益30億円超または負債60億円超の法人をいいますが、今後これらの基準の引き下げが予定されています（令和3年2月時点）。

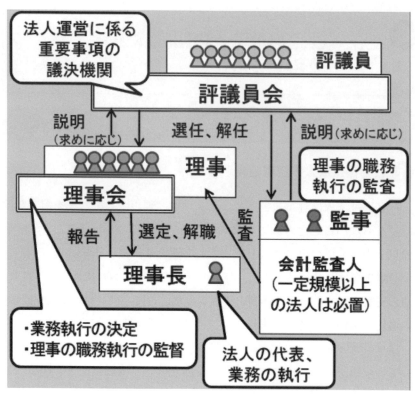

厚生労働省「社会福祉法人制度改革について」より引用

❷ 評議員等の資格要件

評議員、理事、監事、会計監査人の資格要件は以下のとおりです。

	評議員	理事	監事	会計監査人
資格要件	社会福祉法人の適正な運営に必要な識見を有する者	①社会福祉事業の経営に関する識見を有する者 ②区域における福祉に関する実情に通じている者 ③施設の管理者	①社会福祉事業について識見を有する者 ②財務管理について識見を有する者	公認会計士又は監査法人
選任方法	定款で定める方法（評議員選任・解任委員会等）	評議員会の決議	評議員会の決議	評議員会の決議
任期	4年又は6年	2年	2年	1年

　これらの資格要件以外にも次に該当する場合には評議員又は役員となることができません。また、理事と職員を兼務する場合を除き評議員・理事・監事・職員は兼務することができません。

① 　法人
② 　精神の機能の障害により職務を適正に執行することができない者
③ 　生活保護法等の規定に違反して刑に処せられた者
④ 　禁錮以上の刑に処せられた者
⑤ 　解散を命ぜられた社会福祉法人の解散当時の役員
⑥ 　法人の評議員又は役員と親族等の特殊関係がある一定の者

5 社会福祉法人と株式会社の違いを 教えてください

A 社会福祉法人と株式会社では事業の目的が大きく異なります。

　社会福祉法人と株式会社の大きな違いはその事業の目的です。社会福祉法人は公共性の高い社会福祉事業を行うことを目的としていますが、株式会社では営利を目的とした事業を行っています。

　そのため、社会福祉法人の会計では事業活動の成果や資金収支を計算し、事業の継続性や安定性などの情報を提供することに主眼を置いていますが、株式会社は営利を目的とした法人であるため企業会計は利益を計算することに主眼を置いています。

社会福祉法人と株式会社の対比

	社会福祉法人	株式会社
根拠法	社会福祉法	会社法
事業の目的	非営利	営利
出資者の持分	なし	あり
剰余金の配当	なし	あり
残余財産の帰属	他の社会福祉法人等又は国庫	株主
会計基準等	社会福祉法人会計基準 一般に公正妥当と認められる社会福祉法人会計の慣行	会社計算規則 一般に公正妥当と認められる企業会計の基準その他の企業会計の慣行

計算書類	資金収支計算書 事業活動計算書 貸借対照表	貸借対照表 損益計算書 株主資本等変動計算書 個別注記表
会計単位	事業区分、拠点区分、サービス区分を設ける	法人全体
仕訳方法	一取引二仕訳	一取引一仕訳

第 **2** 章

社会福祉法人
会計基準

Q 6 社会福祉法人会計基準とは どのようなものですか

A 社会福祉法人の会計上のルールで、厚生労働省令等により規定されています。

❶ 社会福祉法人会計基準とは

　社会福祉法人会計基準とは、社会福祉法人の財務状況を明らかにし、外部への情報公開を行うために定められた会計上のルールをいいます。社会福祉法人会計基準では社会福祉法人会計の基本的な考え方となる会計原則や実務を行う上での会計処理の方法、公表資料である計算書類の様式等について定められています。また、すべての社会福祉法人は社会福祉法人会計基準に従って会計処理を行うこととされています（社会福祉法第45条の23）。

　社会福祉法人会計基準に基づいた社会福祉法人の会計は、株式会社における企業会計と共通の会計処理を行うこともありますが、社会福祉法人特有の会計処理の方法も多く、専門性の高い会計基準であるといえます。それらの社会福祉法人特有の会計処理は、高い公益性を持つ社会福祉法人の事業について、財務状況を適切に表し情報公開するために定められたものであるため、適正な会計処理が求められます。

　この社会福祉法人会計基準は、会計ルールを一元化する新たな社会福祉法人会計基準として平成23年7月に制定し、社会福祉法人改革による社会福祉法の改正とともに、厚生労働省令第79号として社会福祉法人会計基準を公布し、法の下に位置づけられました。

❷ 社会福祉法人会計基準の構成

　社会福祉法人会計基準は厚生労働省令と一般に公正妥当と認められる社会福祉法人会計の慣行からなります。一般に公正妥当と認められる社会福祉法人会計の慣行は厚生労働省の通知文書としてその内容がまとめられています。

① 　社会福祉法人会計基準（平成28年厚生労働省令）
② 　社会福祉法人会計基準の制定に伴う会計処理等に関する運用上の取扱いについて（平成28年3月31日厚生労働省局長通知）
③ 　社会福祉法人会計基準の制定に伴う会計処理等に関する運用上の留意事項について（平成28年3月31日厚生労働省課長通知）

　省令や通知文書には以下の事項が規定されています。

項目	①省令	②局長通知	③課長通知
総則等	会計基準 会計原則 総額表示 金額の表示単位	重要性の原則	管理組織の確立 予算・経理 決算
会計処理及び取扱	会計帳簿 資産評価 負債評価 純資産	拠点区分の設定 サービス区分の設定 内部取引相殺 支払資金 資産負債区分 共通費用の配分 国庫補助金等特別積立金取崩・積立 基本金組入・取崩 外貨建資産・負債換算 受贈等の資産評価 満期保有目的の債券評価	拠点・事業区分の設定 サービス区分の設定 本部会計の取扱 借入金 寄附金 各種補助金 繰入支出・収入 貸付金・借入金 共通費用の配分 基本金 国庫補助金等特別積立金 棚卸資産 減価償却

会計処理及び取扱		減価償却 引当金 積立金・積立資産	引当金 積立金・積立資産 リース会計 退職給付 資産価値 内部取引相殺
計算関係書類及び財産目録	計算書類 財産目録 付属明細 注記	注記 附属明細書	計算書類の省略 法人税等の記載 計算書類及び勘定科目 注記 固定資産管理台帳
様式、別表等	勘定科目 計算書類	注記 附属明細書 財産目録	共通費用配分方法 減価償却資産の償却率等 勘定科目説明

Q 7 社会福祉法人会計基準の会計原則を教えてください

A 社会福祉法人会計基準には４つの会計原則があります。

❶ 会計原則とは

　社会福祉法人会計基準では以下の４つの会計原則が定められています。これらの原則は会計処理や計算書類の作成を行う上での基本的な考え方となっています。

① **真実性の原則**…計算書類に真実な内容を明瞭に表示することを要請する原則です。この原則は他の原則の上位に位置づけられています。

② **正規の簿記の原則**…複式簿記により正しく記帳された会計帳簿に基づいて計算書類を作成することを要請する原則です。正しく記帳された会計帳簿とは、社会福祉法人の事業活動が全て網羅されていること、客観的に検証可能な証拠書類に基づくものであること、秩序正しく記録されていることの３つの要件を満たすものをいいます。

③ **継続性の原則**…会計処理及び計算書類の表示方法について、毎会計年度継続して適用することを要請する原則です。毎期継続した会計処理を行うことで法人における期間比較が可能となります。なお、会計処理を変更する場合には合理的な理由が必要となります。

④ **重要性の原則**…重要性の乏しいものについては、会計処理及び計算書類の表示方法を本来の方法によらず、他の簡便な方法により処理できることを示した原則です。

❷ 総額表示と金額の表示の単位

　また、会計原則に加えて、計算関係書類及び財産目録に記載する金額について①総額表示と②金額の表示の単位が定められています。

① **総額表示**…収益及び費用について原則として総額をもって表示し、それらを直接相殺してはならないことをいいます。

② **金額の表示の単位**…金額の表示の単位は、一円単位をもって表示することが定められています。

❸ 会計年度

　社会福祉法人の会計年度は４月１日から翌年３月31日までと定められています（社会福祉法第45条の23）。

Q 8 社会福祉法人の会計区分を教えてください

A 会計区分は事業区分、拠点区分、サービス区分に分けられます。

　社会福祉法人の会計では、社会福祉法人会計基準において会計の区分を設けることとされています。会計の区分は、計算書類や予算の作成単位、他の法令の定めによる区分経理のため分けられています。

　会計の区分は事業区分、拠点区分、サービス区分の3階層となっています。それぞれの区分は以下のように分けられます。

事業区分	事業区分は社会福祉法第26条第1項において社会福祉事業、公益事業、収益事業に区分します。さらに、課長通知では各拠点区分について、法人がその実施する事業が社会福祉事業、公益事業及び収益事業のいずれであるかにより、属する事業区分を決定するとしています。
拠点区分	拠点区分は、会計基準省令第7条第2項第2号及び第10条において、法人がその行う事業の会計管理の実態を勘案して設ける区分することとされています。さらに、原則として、予算管理の単位とし、一体として運営される施設、事業所又は事務所をもって1つの拠点区分とします。
サービス区分	サービス区分は、会計基準省令第10条第2項において、法人が拠点区分において実施する複数の事業内容及び法令等の要請に応じて区分することとされています。さらに、原則として、介護保険サービス、障害福祉サービス、特定教育・保育施設及び特定地域型保育事業については、局長通知の第3に規定する指定サービス基準等において当該事業の会計とその他の事業の会計を区分すべきことが定められている事業をサービス区分とします。 その他の事業については、法人の定款に定める事業ごとに区分し、特定の補助金等の使途を明確にするため更に細分化することもできます。なお、課長通知の第5において介護保険関係及び保育関係については、簡便的な取扱いとして、主となる事業と一体的に行われる事業及びサービスを同一のサービス区分として差し支えないとしています。

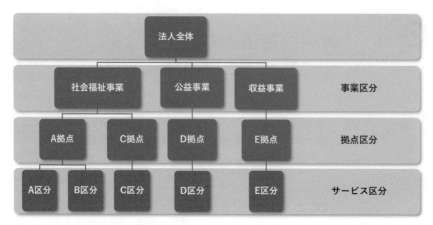

図：社会福祉法人における会計区分の階層

A 予算は理事による事業執行を理事会^(※1)が統制する機能を有
しています。

　社会福祉法人では原則として、拠点区分ごとの資金収支予算書を作成
します。資金収支予算書の様式に定めはありませんが、資金収支計算書
の勘定科目を用いて収入及び支出金額を記載します。

　資金収支予算書は事業計画に基づいて理事長が作成し、理事会による
承認^(※1)を受けた後、予算を執行することができます。また、予算と収
入及び支出金額に乖離等が見込まれる場合には補正予算を作成します。
補正予算の作成にあたっても同様に理事会^(※1)の承認が必要となります。
このように、社会福祉法人の予算は理事による事業執行を理事会^(※1)が
統制する機能を持っています。

　予算の策定方法には①目標型予算と②支出統制型予算があり、社会福
祉法人の資金収支予算は支出統制型予算となっています。したがって、
支出は実際の見込み額に上乗せして予算を立てることになり、予算の管
理は、支出の執行状況の確認が重視されることになります。

①　**目標型予算**…事業が規模拡大することを前提として収入の目標を立
　　て、それに応じて支出の予算を計上します。計画が想定どおりに進む
　　よう稼働率等を加味する予算策定方法です。

②　**支出統制型予算**…法人の支出について執行機関等の承認が得られた
　　予算の範囲内で実行することとなり、支出の執行超過はあってはなら
　　ない、という考え方に基づく予算策定方法です。

※1　定款の定めによっては理事会の決議を経て、評議員会の承認が必要となる場合があります。

Q 10 補正予算を諮るタイミングを教えてください

A 補正予算は予算と実績の乖離が見られる場合に作成します。

補正予算の作成は、予算と収入又は支出金額の見込みに大幅な乖離等が生じる場合に行います。例えば、会計年度途中に新たな事業を開始する場合や新規の補助金交付が決定し、物品の購入を行う場合等が挙げられます。予算の執行は理事会による承認^(※1)を得たのちに行うことができますので、原則として事業開始や物品購入までに補正予算を理事会による承認^(※1)を受ける必要があります。

一方、予算と支出金額について軽微な乖離である場合には、理事長による予算の流用や予備費の使用により対応することができます。

予算の流用とは、勘定科目の中区分内（中区分については「**Q36 勘定科目は何を使えば良いですか**」を参照してください。）において予算に余裕がある支出科目から流用して、予算が不足している支出科目に充当することをいいます。例えば、予算どおりの常勤職員配置ができず人材派遣サービスを活用した場合には、職員給料支出予算額を流用し派遣職員費支出予算額に充当します。なお、予算の流用を行った場合には理事長の承認を受けた記録を決裁文書等により残さなければなりません。

予備費とは、予測しがたい予算の不足を補うため理事会の承認^(※1)を得て事前に計上されるものです。予備費の使用は理事長の承認を得て行い、事後に理事会に報告する必要があります。適切な予備費の計上は、予算を弾力的に運用することを助けますが、逆に多額の予備費を計上することは予算による業務執行の統制機能を失ってしまいます。

※1　定款の定めによっては理事会の決議を経て、評議員会の承認が必要となる場合があります。

第 **3** 章

社会福祉法人の会計処理

Q 11 社会福祉法人の会計の仕組みを教えてください

A 社会福祉法人の会計は複式簿記により資金収支計算と事業活動計算を行います。

　会計とは、金銭や物品の出入りを記録して報告することをいいます。社会福祉法人の会計では、金銭や物品の出入り等の取引を仕訳として記録し会計帳簿を作成します。そして、会計帳簿をもとに計算書類を作成し、理事会や評議員会で承認されます。

　社会福祉法人における会計は大きく分けて①資金収支計算と②事業活動計算の2種類があります。それぞれの計算は会計帳簿から計算書類の作成まで各別に行われます。詳細は次のQ以降で説明しています。

① 単式簿記と複式簿記

　簿記とは、取引を整理して会計帳簿に記録する方法をいいます。簿記には①単式簿記と②複式簿記があります。

①　**単式簿記**…単式簿記とは現金等の一勘定科目について、収入と支出を記録し、集計する方法をいいます。簿記の専門知識が必要なく、残高の把握が容易であることから、家計簿や任意団体の会計で用いられます。

　社会福祉法人における資金収支計算は支払資金という一勘定科目の増減を収入と支出として集計しており、単式簿記により行うこともできます。ただし、支払資金は流動資産と流動負債という複数の勘定科目を用いた概念であるため、実務上は事業活動計算書や貸借対照表等の勘定科目を置き換える形で、複式簿記により行われます。

②　**複式簿記**…複式簿記とは借方と貸方を用いて、資産・負債科目の増

減と費用・収益科目の増減を同時に記録する方法をいいます。簿記の専門知識が必要となりますが、取引の原因である費用・収益の発生とその結果である資産・負債の残高を同時に把握することができます。複式簿記は社会福祉法人会計や企業会計で用いられています。

　単式簿記と複式簿記の違いとして、資産と負債の間での取引が行われた場合が挙げられます。例えば、銀行から運営資金1,000,000円を借り入れた場合、次のようになります。

① **単式簿記**…単式簿記では1,000,000円の収入となり、預金の増加のみが記録されます。

摘要	支出	収入	残高
借り入れ		1,000,000	1,000,000

② **複式簿記**…複式簿記では資産である現金1,000,000円と負債である借入金1,000,000円の増加がそれぞれ記録されます。つまり、資産が増えていますが負債も増加しているため、純資産には影響がなく、費用・収益にも計上されていないことが分かります。

借方		貸方	
現金預金	1,000,000	借入金	1,000,000

　複式簿記ではすべての取引について必ず借方と貸方を用いて記録します。借方は、資産・費用の増加、負債・収益の減少を表します。貸方は資産・費用の減少、負債・収益の増加を表します。また、複式簿記のルールとして、借方は左側に貸方は右側に記載します。

借　方	貸　方
資産の増加（現金預金の受取、固定資産の取得等）	資産の減少（現金預金の支払、固定資産の売却等）
負債の減少（借入金の返済等）	負債の増加（借入金の増加等）

費用の増加（水道光熱費の支払等）	費用の減少（過払いした水道光熱費の返金等）
収益の減少（利用料の返金等）	収益の増加（利用料の受取等）

❷ 現金主義と発生主義

　事業活動計算を行う際、費用と収益を認識する会計処理の方法として、①現金主義と②発生主義があります。社会福祉法人の会計では、原則として発生主義により会計処理を行うこととなります。

①　**現金主義**…現金主義とは、収益を現金の入金時に認識し、費用を現金の出金時に認識する会計処理の方法をいいます。現金主義は現金の動きだけを記録するので非常に簡単ですが、一定の期間ごとの正確な損益を把握することが困難となります。

②　**発生主義**…発生主義とは、金銭のやり取りの有無に関係なく、取引が発生した事実に基づいて、収益や費用を認識する会計処理の方法をいいます。

　現金主義と発生主義の違いとして、介護保険事業における費用と収益の認識の例では次のような差異が生じます。4月にサービス提供した訪問介護の介護給付費200,000円は、国民健康保険団体連合会より翌々月に振り込まれ、4月のサービス提供に要した費用である給与150,000円は月末に締められ翌月に支払われることとします。

①　**現金主義**…現金主義では、4月にサービス提供した訪問介護の介護給付費は預金へ入金された6月に収益として計上され、4月分の給与は支払った5月に費用として計上されます。これでは月別の損益を適切に計算しているとはいえません。

	費用	収益	月別の損益
4月	0円	0円	0円
5月	150,000円	0円	△150,000円

6月	0円	200,000円	200,000円

② **発生主義**…発生主義では、4月にサービス提供した訪問介護の介護給付費は事業未収金として4月末に収益として計上され、4月分の給与は事業未払金として4月の費用に計上されます。これによって、4月分の費用と収益が対応し、月別の損益を適切に計算することができます。

	費用	収益	月別の損益
4月	150,000円	200,000円	50,000円
5月	0円	0円	0円
6月	0円	0円	0円

12 社会福祉法人が作成する 会計帳簿について教えてください

A 作成する会計帳簿には、主要簿、補助簿、その他の帳簿等が あります。

　会計帳簿とは、主要簿である仕訳日記帳、総勘定元帳、補助簿である 小口現金出納帳、固定資産管理台帳等、その他の帳簿として会計伝票、 月次試算表等をいいます。

　社会福祉法人のモデル経理規程では、すべての会計処理は会計伝票に より処理することとされています。会計伝票に記録された仕訳は仕訳日 記帳に転記されます。その後、総勘定元帳に転記され、試算表に記載さ れます。最後に試算表の金額を元に計算書類が作成されます。

① **会計伝票の起票**…取引を元に会計伝票を作成します。複式簿記の仕 組みに従って、取引について借方と貸方の仕訳を記載します。社会福祉 法人の会計では、一取引二仕訳により①資金収支計算と②事業活動計算 の仕訳をそれぞれ作成します（一取引二仕訳については**「Q19　一取 引二仕訳について教えてください」**を参照してください）。なお、会計 伝票は証憑書類に基づいて作成し、証憑書類は会計記録との関係を明ら かにして整理保存します。

② **仕訳日記帳への転記**…仕訳日記帳とは、日付順にすべての取引を記 載した帳簿のことをいいます。会計伝票に記載された内容は仕訳日記帳 に転記されます。

③ **総勘定元帳への転記**…総勘定元帳とは仕訳日記帳に記載された内容 を勘定科目ごとに転記した帳簿です。社会福祉法人会計については、事

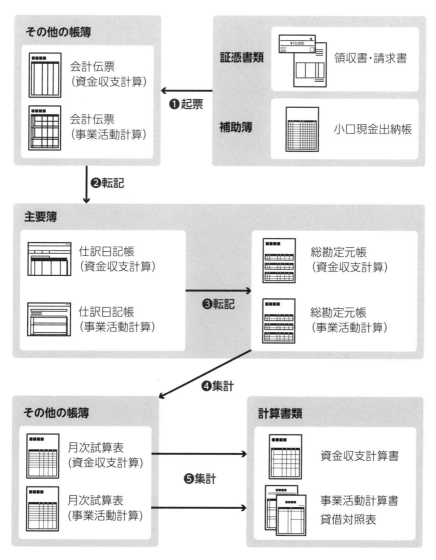

図：社会福祉法人の会計帳簿

業活動計算のための①貸借対照表・事業活動計算書科目の総勘定元帳と
資金収支計算のための②資金収支計算書科目の総勘定元帳があります。

④　**月次試算表への集計**…月次試算表とは、仕訳日記帳から総勘定元帳へ正しく転記がされたのか確認するために作成する計算書です。総勘定元帳の各勘定科目について、借方合計と貸方合計を集計して作成されます。仕訳日記帳から総勘定元帳へ正しく転記が行われていれば、月次試算表では必ず借方と貸方の金額が一致します。

⑤　**計算書類の作成**…月次試算表の数値をもとに計算書類を作成します。計算書類は社会福祉法人会計基準において様式が定められています。

A 資金収支計算書とは、資金収支計算を行う計算書類です。

❶ 資金収支計算とは

　資金収支計算とは、その会計年度における支払資金の増加及び減少を明らかにするための計算です。支払資金とは社会福祉法人特有の概念で、流動資産と流動負債を表しています（支払資金については「**Q18　支払資金について教えてください**」を参照してください）。その会計年度の支払資金の収入、支出及び収支を明らかにして、最終的には当期資金収支差額を計算します。

　流動資産とは、現金預金、事業未収金、立替金等のサービス活動によって生じた債権等で通常１年以内に現金として回収できるものをいいます。同様に、流動負債は事業未払金、短期借入金、預り金等のサービス活動によって生じた債務等で通常１年以内に支払期日が到来するものをいいます。つまり、資金収支計算とは現金預金より広い範囲である支払資金という考え方を用いて、短期的な運転資金の流れを表したものということができます。

　企業会計では資金収支計算書に似たものとしてキャッシュフロー計算書があります。キャッシュフロー計算書は、現金及び現金同等物の増減を表しており、資金収支計算より狭い範囲で運転資金の流れを表したものです。

　資金収支計算では、支払資金の増加を「収入」とし、支払資金の減少を「支出」としています。これらは事業活動計算における純資産の増加

である「収益」、純資産の減少である「費用」とは異なる概念として勘定科目名等の用語が区別されています。

❷ 資金収支計算書の区分

資金収支計算は収入及び支出を次の区分に分けて計算します。

事業活動による収支 経常的な事業活動による収入および支出（受取利息配当金収入および借入金利息支出を含む）を記載し、事業活動資金収支差額を計算します。
事業活動資金収支差額（A）
施設整備等による収支 施設整備等による収支には、固定資産の取得に係る支出及び売却に係る収入、施設整備等補助金収入、施設整備等寄附金収入、並びに、設備資金借入金元金償還支出等を記載し、施設整備等資金収支差額を計算します。
施設整備等資金収支差額（B）
その他の活動による収支 長期運営資金の借入及び返済、積立資産の積立及び取崩、投資有価証券の購入及び売却等資金の運用に係る収入および支出（受取利息配当金収入および支払利息支出を除く）を記載し、その他の活動資金収支差額を計算します。
その他の活動資金収支差額（C）
予備費支出（D）
当期資金収支差額合計（E）=（A）+（B）+（C）-（D）
前期末支払資金残高（F）
当期末支払資金残高（G）=（E）+（F）

事業活動計算書とは
どのようなものですか

A 事業活動計算書とは、事業活動計算を行う計算書類です。

❶ 事業活動計算とは

　事業活動計算とは、その会計年度における資産及び負債の増加及び減少を明らかにするための計算です。その会計年度の純資産の収益、費用及び損益を明らかにして、最終的には当期活動増減差額を計算します。

　事業活動計算は、企業会計における損益計算にあたるものです。

❷ 事業活動計算書の区分

　事業活動計算は収益、利益、費用、損失を次の区分に分けて計算します。

サービス活動増減の部 サービス活動による収益及び費用を記載してサービス活動増減差額を計算します。なお、サービス活動費用に減価償却費の控除項目として、国庫補助金等特別積立金取崩額を含めます。
サービス活動増減差額（A）
サービス活動外増減の部 受取利息配当金、支払利息、有価証券売却損益並びにその他サービス活動以外の原因による収益、費用及びサービス活動外増減差額を計算します。
サービス活動外増減差額（B）
経常増減差額（C）＝（A）＋（B）

特別増減の部

第1号基本金から第3号基本金に該当する寄附金及び施設等の整備のための国庫補助金等の収益並びに固定資産売却等に係る損益、その他の臨時的な損益（金額が僅少なものを除く）を記載し、上記基本金の組入額、国庫補助金等特別積立金等の積立額を減算して、特別増減差額を計算します。なお、国庫補助金等特別積立金を含む固定資産の売却損・処分損を記載する場合は、特別費用の控除項目として、国庫補助金等特別積立金取崩額を記載します。

特別増減差額（D）

当期活動増減差額（E）＝（C）＋（D）

繰越活動増減差額の部（F）

前期繰越活動増減差額、基本金取崩額、その他の積立金積立額、その他の積立金取崩額を記載し、当期活動増減差額に加減します。

次期繰越活動増減差額（G）＝（E）＋（F）

Q15 貸借対照表とは どのようなものですか

A 貸借対照表とは、会計年度末時点の資産・負債・純資産の状況を表した計算書類です。

❶ 貸借対照表とは

　貸借対照表とは、会計年度末の財産状況を表したものをいいます。社会福祉法人のすべての資産・負債・純資産の状況を計上します。

　貸借対照表では借方に資産、貸方に負債と純資産を記載します。また、資産と負債は流動と固定に区分します。流動と固定の区分は①正常営業循環基準、②1年基準により行います。

① **正常営業循環基準**…正常営業循環基準とは、正常な営業取引により生じた資産や負債は流動資産（流動負債）とみなすという考え方です。そのため、サービス活動により生じた事業未収金や商品・製品等は流動資産に区分され、事業未払金や前受金等は流動負債に区分されます。

② **1年基準**…1年基準とは、一定の債権及び債務について貸借対照表日の翌日から1年以内に入金又は支払の期限が到来するものは流動資産（流動負債）に区分するという考え方です。詳しくは「**Q35　1年基準とはどのようなものですか**」を参照してください。

　純資産は①基本金、②国庫補助金等特別積立金、③その他の積立金、④次期繰越活動増減差額で構成されています。①〜③は「**Q30　基本金はどのように処理したら良いですか**」「**Q31　国庫補助金等特別積立金はどのように処理したら良いですか**」「**Q32　その他の積立金はどのように処理したら良いですか**」を参照してください。次期繰越活動増減

差額は、毎会計年度の事業活動において獲得され、事業活動計算上算定された増減差額の累計額を表しています。

❷ 貸借対照表が表しているもの

　貸借対照表は、借方において法人が資本をどのように投下したかという運用形態を表しており、貸方においては法人がどのように資本を調達したのかという調達源泉を表しています。つまり、社会福祉法人の資産は、債権者からの負債と寄附者による寄附、国や地方公共団体等の補助金により賄われていることが分かります。そのため、資産合計と負債及び純資産合計は必ず一致します。

資産の部 **資金の運用形態**	負債の部 **資金の調達源泉（債権者）**
	純資産の部 **資金の調達源泉** **（寄附者、補助金交付団体）**

Q16 資金収支計算書と事業活動計算書の違いを教えてください

A 資金収支計算書は支払資金の増減を表し、事業活動計算書は純資産の増減を表しています。

❶ 資金収支計算と事業活動計算が表すもの

資金収支計算と事業活動計算はそれぞれ支払資金の増減と純資産の増減を表しています。そのため、計算結果である当期資金収支差額と当期活動増減差額が示すものは異なります。資金収支計算が資金繰りを表すものであるのに対して、事業活動計算は損益を表しているといえます。

❷ 取引別に見た資金収支計算と事業活動計算

社会福祉法人では一つの取引について、2つの仕訳（①資金収支計算と②事業活動計算）を行いますが、資金収支計算において収入・支出として計上されるものが必ずしも事業活動計算においても収益・費用として計上されるとは限りません。資金収支計算と事業活動計算で計上が異なる取引の例として次のものがあります。

	資金収支計算	事業活動計算
固定資産	**取得時の支出** 固定資産の取得価額は取得年度においてその全額を支出として計上	**各年度の費用** 固定資産の取得価額は耐用年数に応じて各年度に費用として配分
引当金	**支出なし** 支払資金の増減を伴わないため、支出に計上されない	**各年度の費用** 将来の費用として見積もった金額を負債と費用に計上

資金の長期貸付及び借入	貸付及び借入時の収入及び支出として計上	収益及び費用計上なし
資金の短期貸付及び借入	収入及び支出計上なし 流動資産及び負債に属する短期貸付及び借入は支払資金の増減を伴わない	収益及び費用計上なし
ファイナンス・リース取引	支払時の支出 リース料の支払い時に支出を計上	各年度の費用 リース債務に対応するリース資産を減価償却により各年度に費用として配分
積立資産及び退職給付引当資産の計上	拠出時の支出	費用計上なし ただし、対応する積立金の積立時には費用計上
棚卸資産	仕入時の支出	販売時の費用 販売により収益を計上した際に販売原価として費用を計上

Q17 資金収支計算書、事業活動計算書と貸借対照表の関係を教えてください

演習問題アリ！ 47ページへ

A これらの計算書類は、それぞれ当期末支払資金残高と次期繰越活動増減差額が一致します。

❶ 資金収支計算書と貸借対照表の関係

　資金収支計算書は流動資産と流動負債である支払資金という概念を用いて計算を行っているため、貸借対照表から支払資金の残高である当期末支払資金残高を計算することができます。

　貸借対照表における当期末支払資金残高の計算式は次のとおりです。

① 　流動資産－１年基準固定資産振替額－棚卸資産＋徴収不能引当金

② 　流動負債－１年基準固定負債振替額－賞与引当金

③ 　①－②＝当期末支払資金残高

❷ 事業活動計算書と貸借対照表の関係

　事業活動計算書と貸借対照表は複式簿記における取引の原因と結果の関係を有しています。そのため、事業活動計算書における次期繰越活動増減差額と貸借対照表の次期繰越活動増減差額は一致します。

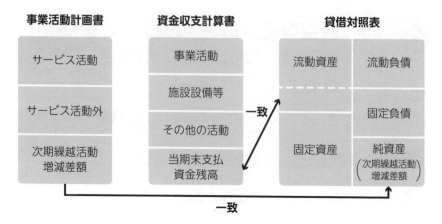

図：計算書類における当期末支払資金残高と次期繰越活動増減差額の関係

演習問題

〈計算書類の関係性〉

解答は236ページ

当期（X1年4月1日からX2年3月31日まで）について法人単位の資金収支計算書、事業活動計算書と貸借対照表の数値は次のとおりでした。当期の当期末支払資金残高と次期繰越活動増減差額が一致しているか確認してください。

法人単位資金収支計算書

（自）X1年4月1日（至）X2年3月31日

勘定科目			予算(A)	決算(B)	差異(A)-(B)	備考
事業活動による収支	収入	介護保険事業収入	354,000,000	360,000,000	-6,000,000	
		事業活動収入計（1）	354,000,000	360,000,000	-6,000,000	
当期資金収支差額合計（11）＝（3）＋（6）＋（9）－（10）			0	10,000,000	-10,000,000	
前期末支払資金残高（12）			170,000,000	170,000,000	0	
当期末支払資金残高（11）＋（12）			170,000,000	180,000,000	-10,000,000	

法人単位事業活動計算書

（自）X1年4月1日（至）X2年3月31日

勘定科目			当年度決算(A)	前年度決算(B)	差異(A)－(B)
サービス活動増減の部	収益	介護保険事業収益	360,000,000	359,000,000	1,000,000
		サービス活動収益計（1）	360,000,000	359,000,000	1,000,000
繰越活動増減差額の部	当期活動増減差額（11）		8,000,000	9,000,000	－1,000,000
繰越活動増減差額の部	前期繰越活動増減差額（12）		214,000,000	205,000,000	9,000,000

		当年度末	前年度末	増減
繰越活動増減差額の部	当期末繰越活動増減差額(13)＝(11)＋(12)	222,000,000	214,000,000	8,000,000
	基本金取崩額(14)	0	0	0
	その他の積立金取崩額(15)	0	0	0
	その他の積立金積立額(16)	0	0	0
	次期繰越活動増減差額(17)＝(13)＋(14)＋(15)-(16)	222,000,000	214,000,000	8,000,000

法人単位貸借対照表
X2年3月31日現在

資産の部				負債の部			
	当年度末	前年度末	増減		当年度末	前年度末	増減
流動資産	191,000,000	180,000,000	11,000,000	流動負債	43,000,000	42,000,000	1,000,000
現金預金	139,000,000	130,000,000	9,000,000	事業未払金	11,000,000	10,000,000	1,000,000
事業未収金	52,000,000	50,000,000	2,000,000	1年以内返済予定設備資金借入金	32,000,000	32,000,000	0
固定資産	502,000,000	536,000,000	-34,000,000	固定負債	128,000,000	160,000,000	-32,000,000

				純資産の部			
				基本金	300,000,000	300,000,000	0
				次期繰越活動増減差額	222,000,000	214,000,000	8,000,000
				(うち当期活動増減差額)	8,000,000	9,000,000	-1,000,000
				純資産の部合計	522,000,000	514,000,000	8,000,000
資産の部合計	693,000,000	716,000,000	-23,000,000	負債及び純資産の部合計	693,000,000	716,000,000	-23,000,000

①当期末支払資金残高の確認

資金収支計算書

項目	金額
当期末支払資金残高	

貸借対照表

項目	金額
⑦流動資産	
⑦流動負債	
⑦1年基準固定負債振替額	
⑦当期末支払資金残高 ⑦-(⑦-⑦)	

②次期繰越活動増減差額の残高

事業活動計算書

項目	金額
次期繰越活動増減差額	

貸借対照表

項目	金額
次期繰越活動増減差額	

A 支払資金とは、資金収支計算を行うために定義された資金の動きを表す概念をいいます。

❶ 支払資金とは

支払資金とは、流動資産及び流動負債（一定のものを除く。）をいいます。支払資金の増減については資金収支計算書で集計され、流動資産と流動負債の増減からキャッシュフロー（現金同等物）よりも広い範囲で資金の動きを表しています。

また、支払資金残高は流動資産と流動負債の差額となっています。

❷ 支払資金の例

支払資金は一定のものを除き^(※1)次に挙げる全ての流動資産及び流動負債が対象となります。

・経常的な支払準備のために保有する現金及び預貯金
・短期間のうちに回収されて現金又は預貯金になる未収金、立替金、有価証券等
・短期間のうちに事業活動支出として処理される前払金、仮払金等
・短期間のうちに現金又は預貯金によって決済される未払金、預り金、短期運営資金借入金等
・短期間のうちに事業活動収入として処理される前受金等の流動負債

※1 支払資金から除かれる流動資産及び流動負債は次のとおりです。

1年基準により固定資産又は固定負債から振替えられたもの

１年以内回収予定長期貸付金

１年以内回収予定事業区分間長期貸付金

１年以内回収予定拠点区分間長期貸付金

１年以内返済予定設備資金借入金

１年以内返済予定長期運営資金借入金

１年以内返済予定リース債務

１年以内返済予定役員等長期借入金

１年以内返済予定事業区分間長期借入金

１年以内返済予定拠点区分間長期借入金

１年以内支払予定長期未払金

前払費用（１年基準により長期前払費用から振替られたもの）

引当金

徴収不能引当金

賞与引当金

棚卸資産（貯蔵品を除く）

医薬品

診療・療養費等材料

給食用材料

商品・製品

仕掛品

原材料

Q 19 一取引二仕訳について 教えてください

A 一つの取引に対して、2つの仕訳を作成することをいいます。

❶ 一取引二仕訳とは

　一取引二仕訳とは、一つの取引について、①資金収支計算に関する仕訳と②事業活動計算に関する仕訳の2つを作成することをいいます。社会福祉法人以外の企業会計や公益法人会計等では一つの取引について②事業活動計算（損益計算）に関する仕訳のみを作成するため、社会福祉法人会計特有の会計処理ということができます。

　通常、社会福祉法人用の会計ソフトでは事業活動計算に関する仕訳を入力すると資金収支計算に関する仕訳を自動的に生成する仕組みとなっています。

①　**資金収支計算に関する仕訳**…資金収支計算書勘定科目を用いて仕訳を行います。

②　**事業活動計算に関する仕訳**…事業活動計算書勘定科目、貸借対照表勘定科目、就労支援事業勘定科目、授産事業勘定科目を用いて仕訳を行います。

❷ 一取引二仕訳の例

　建物を現預金で取得した場合、①資金収支計算の仕訳では流動資産である現金預金が減ったため支払資金が減少し、その原因が建物取得支出によることを表しています。一方、②事業活動計算の仕訳では資産である建物が増えて、同じく資産である現金預金が減ったことを表します。

このように一つの取引で2つの仕訳が必要となります。

	借方	貸方
①資金収支計算	建物取得支出	支払資金
②事業活動計算	建物	現金預金

Q20 有価証券はどのように
処理したら良いですか

演習問題
アリ！
57ページへ

A 保有できる有価証券が定められており、その種類に応じて会計処理を行います。

❶ 有価証券とは

有価証券とは、債券（国債、地方債、社債等）、株式、証券投資信託の受益証券等をいいます。

社会福祉法人では、社会福祉事業を安定的、継続的に実施するため、社会福祉法により保有する資産に関する規定が存在します（詳しくは **「Q3 社会福祉法人はどのような資産を保有している必要がありますか」** を参照してください。）。そのため、社会福祉法人が保有できる有価証券は確実なものに限られ、次の株式は保有することができません。

① 発行済株式の50％を超える株式

② 未公開株（社会福祉に関する調査研究を行う企業等の一定の場合を除く）

有価証券は、次の勘定科目に計上されます。

勘定科目	内容
有価証券	債券（国債、地方債、社債等をいい、譲渡性預金を含む）のうち貸借対照表日の翌日から起算して1年以内に満期が到来するもの、又は債券、株式、証券投資信託の受益証券などのうち時価の変動により利益を得ることを目的とする有価証券
投資有価証券 （基本財産）	定款等に定められた基本財産として保有する有価証券
投資有価証券 （その他の財産）	長期的に所有する有価証券で基本財産に属さないもの

❷ 有価証券の評価方法

　有価証券は、満期保有目的の債券とそれ以外の有価証券でそれぞれ次の方法により評価を行います。

①　**満期保有目的の債券以外の有価証券**…市場価格のあるものは、会計年度末における時価をもって評価します。時価評価を行った場合における評価差額は、有価証券評価損益、基本財産評価損益、投資有価証券評価損益又は為替差損益として計上します。

②　**満期保有目的の債券**…満期保有目的の債券を債券金額より低い価額又は高い価額で取得した場合において、取得価額と債券金額との差額の性格が金利の調整と認められるときは、当該債券は、会計年度末において、償却原価法により評価します。償却原価法とは取得価額と債券金額（額面金額）に差がある場合において、その差額を取得時から満期までの期間に応じて加算又は減算する方法をいいます。

　ただし、その差額の重要性が乏しいと認められる場合には、償却原価法によらないことができます。

設例 〈有価証券①〉

　当期（X1年4月1日からX2年3月31日まで）において、一時的に保有している株式（取得価額300,000円）は決算時に時価評価（X2年3月31日の市場価格320,000円）を行います。

X2年3月31日決算整理事項

	借方		貸方	
	有価証券	20,000	有価証券評価益	20,000
資金仕訳	支払資金	20,000	有価証券評価益	20,000

※市場価格320,000－取得価額300,000＝20,000

設例 〈有価証券②〉

　当期（X1年4月1日からX2年3月31日まで）において、X1年4月1日に満期（X6年3月31日）まで保有する目的で額面1,000,000円の国債を990,000円で購入しました。額面金額と購入金額の差額は金利の調整と認められるため、償却原価法（定額法）により評価します。

X1年4月1日国債購入時

	借方		貸方	
	投資有価証券 （その他の財産）	990,000	現金預金	990,000
資金仕訳	投資有価証券 取得支出	990,000	支払資金	990,000

X2年3月31日決算整理事項

	借方		貸方	
	投資有価証券 （その他の財産）	2,000※	受取利息配当金収益	2,000※
資金仕訳	なし			

※額面金額1,000,000－購入金額990,000＝10,000　10,000÷（12ヶ月／60ヵ月）＝2,000

演習問題

〈有価証券〉

解答は237ページ

　X1年4月1日に満期まで保有する目的で額面1,500,000円の国債を1,450,000円で購入し、預金より支払いました。額面金額と購入金額の差額は金利の調整と認められます。なお、この有価証券は基本財産に属さないものです。

　なお、この国債はX11年3月31日に満期となりますので、償却原価法（定額法）により毎期5,000円ずつ償却します。

　当期（X1年4月1日からX2年3月31日まで）の仕訳を記入してください。

X1年4月1日国債購入時

	借方		貸方	
資金仕訳				

X2年3月31日決算整理事項

	借方		貸方	
資金仕訳				

演習問題
アリ！
61ページへ

Q 21 棚卸資産はどのように処理したら良いですか

A 会計年度末に有する商品や製品等を一定の評価方法で評価し、資産に計上します。

❶ 棚卸資産とは

　棚卸資産とは、就労支援事業や収益事業等における商品や製品に加えて、会計年度中に使用しなかった消耗品や切手、印紙等をいいます。

　ただし、消耗品、貯蔵品等のうち、重要性が乏しいものについては、その買入時又は払出時に費用として処理し、棚卸資産を計上しない方法を採用することができます。

❷ 棚卸資産の勘定科目

　棚卸資産として計上する勘定科目は次のとおりです。

勘定科目	内容
貯蔵品	消耗品等で未使用の物品
医薬品	医薬品の棚卸高
診療・療養費等材料	診療・療養費等材料の棚卸高
給食用材料	給食用材料の棚卸高
商品・製品	売買又は製造する物品の販売を目的として所有するもの
仕掛品	製品製造又は受託加工のために現に仕掛中のもの
原材料	製品製造又は受託加工の目的で消費される物品で、消費されていないもの

❸ 棚卸資産の評価方法

　棚卸資産の評価は、取得原価により行いますが、会計年度の末日における時価が取得原価よりも低いときは時価により評価します。なお、棚卸資産の取得原価は、購入価額に付随費用（引取運賃・荷役費・運送保険料・購入手数料・その他の引取費用）を加算した金額です。

　また、棚卸資産の評価方法は社会福祉法人のモデル経理規程において、次のいずれかの方法を採用することとされています。

①　**個別法**…取得原価の異なる棚卸資産を区別して記録し、その個々の実際原価によって期末棚卸資産の価額を算定する方法です。個別法は、個別性が強い棚卸資産の評価に適しています。

②　**先入先出法**…最も古く取得されたものから順次払出しが行われ、期末棚卸資産は最も新しく取得されたものからなるとみなして期末棚卸資産の価額を算定する方法です。

③　**総平均法**…取得した棚卸資産の平均原価を算出し、この平均原価によって期末棚卸資産の価額を算定する方法です。総平均法では、期中に仕入れた棚卸資産の仕入価格の総額を個数で割り1個当たりの平均原価を求めます。

④　**移動平均法**…取得した棚卸資産の平均原価を算出し、この平均原価によって期末棚卸資産の価額を算定する方法です。移動平均法では、仕入れのたび平均単価を算出し平均原価を求めます。

⑤　**売価還元法**…値入率等の類似性に基づく棚卸資産のグループごとの期末の売価合計額に、原価率を乗じて求めた金額を期末棚卸資産の価額とする方法です。売価還元法は、取扱品種の極めて多い小売業等の業種における棚卸資産の評価に適用されます。

⑥　**最終仕入原価法**…最終仕入原価によって期末棚卸資産の価額を算定する方法です。期末棚卸資産の大部分が最終の仕入価格で取得されてい

る場合に用いることができます。

当期（X1年4月1日からX2年3月31日まで）において、X2年3月15日に300,000円分の切手を購入しました。X2年3月31日に切手の残高を確認したところ、280,000円分が残っている場合、棚卸資産に計上します。

X2年3月15日切手購入時

	借方		貸方	
	通信運搬費	300,000	現金預金	300,000
資金仕訳	通信運搬費支出	300,000	支払資金	300,000

X2年3月31日決算整理事項

	借方		貸方	
	貯蔵品	280,000	通信運搬費	280,000
資金仕訳	支払資金	280,000	通信運搬費支出	280,000

演習問題

〈棚卸資産の計上〉

解答は238ページ

X2年3月25日に収入印紙100,000円分を購入しました。全て翌年度に使用するため、購入時に貯蔵品として計上します。

当期（X1年4月1日からX2年3月31日まで）の仕訳を記入してください。

X2年3月25日切手購入時

	借方		貸方	
資金 仕訳				

Q22 基本財産はどのように処理したら良いですか

A 基本財産はその他の固定資産と区分して資産に計上します。

❶ 基本財産とは

　基本財産とは、社会福祉法に規定されている社会福祉事業を行うために必要な資産をいいます（詳しくは「**Q3　社会福祉法人はどのような資産を保有している必要がありますか**」を参照してください。）。基本財産に計上される資産は土地、建物、定期預金又は投資有価証券であり、これらは定款へ記載されます。

　また、基本財産を処分するときや担保に供するときは一定の場合を除き理事会及び評議員会の承認の後、所轄庁の承認を得なければなりません。なお、軽微な変更を除いて基本財産の増減には定款の変更が必要になります。

❷ 基本財産の会計処理

　基本財産は、公益事業用財産、収益事業用財産及びその他の財産とは区分しなければならないこととされています。貸借対照表においては、固定資産を基本財産とその他の固定資産に区分して表示します。

　新設の社会福祉法人が施設を建設した場合、社会福祉事業に供する土地又は建物は基本財産へ計上しますが、既存の社会福祉法人が新たに施設を建設した場合も同様に基本財産に計上します。また、基本財産である建物を修繕し、それが資本的支出にあたる場合においても基本財産に計上することとなります。

演習問題
アリ！
68ページへ

Q23 減価償却はどのように 処理したら良いですか

A 減価償却は固定資産の取得価額を、耐用年数に応じて各会計年度へ費用として配分します。

❶ 減価償却とは

　減価償却とは事業活動計算を行う上で、固定資産の取得価額を耐用年数に応じて、各会計年度に費用として配分することをいいます。固定資産は、土地などを除き、使用又は時の経過によってその価値が減少するものと考えられています。そのため、固定資産の取得に要した金額を使用可能期間にわたり、分割して費用として計上するのです。

　一方、資金収支計算においては、固定資産を取得した会計年度に取得価額の全額を支出として計上するため、減価償却による各会計年度への配分は行いません。

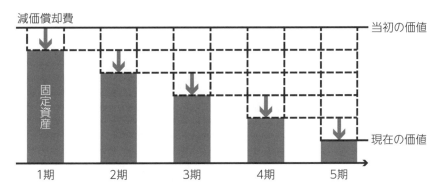

図：固定資産の貸借対照表価額と事業活動計算書への減価償却費の計上

図：固定資産の資金収支計算書の計上

❷ 減価償却の対象

　減価償却の対象となる固定資産は、耐用年数が1年以上、かつ、1個（組）の金額が10万円以上で、使用又は時の経過により価値が減ずる有形固定資産及び無形固定資産となっています。

　したがって、耐用年数が1年未満又は1個（組）が10万円未満の消耗品等や非償却資産である土地、借地権、建設仮勘定、電話加入権等については減価償却を行いません。

❸ 減価償却の方法

　有形固定資産の減価償却は、①定額法又は②定率法のいずれかの方法により行います。また、無形固定資産の減価償却は①定額法で行います。

　社会福祉法人では有形固定資産の減価償却について、①定額法を選択する法人が多数を占めています。なお、法人が選択した減価償却の方法は経理規程に記載し、計算書類の注記で表示します。

①　定額法…定額法とは、耐用年数にわたって毎期定額の減価償却費を計上する方法をいいます。定額法によれば毎会計年度同額の減価償却費が計上されます。定額法による減価償却費の計算は次の算式により行います。

減価償却費＝取得原価×定額法の償却率

② **定率法**…定率法とは、耐用年数にわたって毎期一定の割合で減価償却費を計上する方法をいいます。定率法によれば減価償却費は耐用年数の初期ほど多く計上され、次第に減少していくこととなります。定率法による減価償却費の計算は次の算式により行います。

減価償却費＝期首帳簿価額×定率法の償却率

ただし、償却保証額（取得価額に保証率を乗じた額）に満たなくなった年度以後は次の算式により行います。

減価償却費＝改定取得価額（償却保証額に満たなくなる事業年度の期首未償却残高）×改定償却率

これらの算式にある償却率や保証率、改定償却率は「社会福祉法人会計基準の制定に伴う会計処理等に関する運用上の留意事項について」（平成28年３月31日厚生労働省課長通知）に記載されています。

❹ 減価償却における耐用年数

減価償却の計算を行う場合における償却率等は固定資産の耐用年数により異なります。そのため、原則として「減価償却資産の耐用年数等に関する省令」（昭和40年大蔵省令第15号）に記載された耐用年数を用います。

❺ 有形固定資産の残存価額

有形固定資産は減価償却により帳簿価額が減少していきますが、耐用年数を経過したからといって無価値になるものではありません。そこで、平成19年３月31日までに取得した有形固定資産は耐用年数が経過した時点での残存価額を取得原価の10％として、減価償却の計算を行っていました。

しかし、平成19年４月１日以降に取得した有形固定資産は残存価額

をゼロとし、償却累計額が取得価額から備忘価額（1円）を控除した金額に達するまで償却を行うこととなりました。

❻ 減価償却累計額の表示

有形固定資産に対する減価償却累計額の表示については、①直接法または②間接法のいずれかにより行います。無形固定資産の表示については①直接法のみとなっています。

① **直接法**…固定資産の金額から減価償却累計額を直接控除した残額のみ表示する方法をいいます。

貸借対照表		
資産の部		負債の部
建物	150,000,000	純資産の部

② **間接法**…固定資産の控除科目として減価償却累計額を表示する方法をいいます。

貸借対照表		
資産の部		負債の部
建物	200,000,000	
減価償却累計額	△50,000,000	純資産の部

設例 〈減価償却〉

当期（X1年4月1日からX2年3月31日まで）において、X1年4月1日に建物（基本財産）を100,000,000円で購入し、預金で支払いました。

建物の耐用年数は50年（定額法償却率0.02）で、減価償却は定額法で行います。また、この法人では、減価償却累計額について直接法によ

り表示しています。

X1年4月1日建物購入時

	借方		貸方	
	建物（基本財産）	100,000,000	現金預金	100,000,000
資金仕訳	建物取得支出	100,000,000	支払資金	100,000,000

X2年3月31日決算整理事項

	借方		貸方	
	減価償却費	2,000,000	建物（基本財産）	2,000,000
資金仕訳	なし			

※建物100,000,000×償却率0.02＝2,000,000

演習問題

解答は238ページ

〈減価償却〉

X2年2月1日に車輌1台を3,000,000円で購入しました。耐用年数は5年で、減価償却は定額法で直接法により行います。

当期（X1年4月1日からX2年3月31日まで）の仕訳を記入してください。

X2年2月1日車輌購入時

	借方		貸方	
資金 仕訳				

X2年3月31日決算整理事項

	借方		貸方	
資金 仕訳				

演習問題 アリ！

74ページへ

Q24 リースはどのように処理したら良いですか

A リースはその取引の内容に応じて、資産を賃貸借又は売買したものとして会計処理を行います。

❶ リース取引とは

　リース取引とは、貸手であるリース会社が購入したリース物件を借手である社会福祉法人が使用して、その使用料を支払う取引をいいます。リース取引はその取引の内容に応じて、通常の賃貸借処理又はリース物件を購入したとみなして固定資産に計上する売買処理により会計処理を行います。なお、リース取引にはレンタル取引や割賦購入は含まれません。

❷ リース取引の区分

　リース取引は①ファイナンス・リース取引と②オペレーティング・リース取引に区分されます。

①　**ファイナンス・リース取引**…ファイナンス・リース取引とは、中途解除をすることができないリース取引で、リース物件の使用により生じる保守や修繕等の費用が全て借手の負担となるリース取引をいいます。ファイナンス・リース取引は、重要性が乏しいと認められる場合を除き売買処理を行います。

②　**オペレーティング・リース取引**…オペレーティング取引とは、ファイナンス・リース取引以外のリース取引をいいます。オペレーティング・リース取引は賃貸借処理を行います。

　リース取引は次の方法で区分し、会計処理を行います。

以下の条件を満たすか？

● リース料総額の現在価値≧見積現金購入価格の90％
● 解約不能リース期間≧経済的耐用年数の75％
　（リース料総額の現在価値が90％を大きく下回るものを除く）

YES　　　　　　　　　　　　　　　　NO

ファイナンス・リース　　　　　**オペレーティング・リース**

以下のいずれかに該当するか？

● 譲渡条件付リース
● 割安購入選択権付リース
● 特別仕様物件のリース

YES　　　　　NO

所有権移転　　　所有権移転外

**リース料総額が購入時に一括費用処理する基準以下
もしくはリース期間が1年以内か？**

YES

NO（所有権移転外）

NO
（所有権移転）

**1契約あたりのリース料総額が
300万円以下か？**

NO

リース比率が10％未満か？

NO　　　YES　　　YES

利息法　　**定額法**　　**控除しない**　　　　**賃貸借取引と同様**

図：リース取引における会計処理の判定

❸ ファイナンス・リース取引の会計処理

　ファイナンス・リース取引では、重要性が乏しいと認められる場合を除き売買処理を行います。重要性が乏しいと認められる場合とは、リース契約１件あたりのリース料総額が300万円以下であるリース取引やリース期間が１年以内のリース取引をいい、この場合には賃貸借処理によることができます。

　売買処理を行う場合には、リース料総額から利息相当額を控除した額をリース資産及びリース債務に計上します。利息相当額とは、リースが通常複数年にわたって行われるため、リース料総額にはリース物件の取得原価に加えて支払利息が含まれているものと考え、資産及び負債の評価額から除くものです。

　利息相当額の各会計年度への配分は原則として①利息法により行いますが、重要性が乏しいと認められる場合には②定額法、③利息相当額を控除しない方法によることができます。

①　**利息法**…利息相当額を除いたリース料総額の残高に一定の利率を乗じて、支払利息相当額を算定する方法をいいます。

②　**定額法**…利息相当額の総額をリース期間中の各期に定額で配分する方法をいいます。

③　**利息相当額を控除しない方法**…利息相当額をリース料総額から控除しない方法をいいます。この方法による場合、リース資産及びリース債務はリース料総額が計上されます。

　なお、利息相当額の各会計年度への配分において、リース料総額重要性が乏しいと認められる要件は次のとおりです。

$$\frac{未経過リース料の期末残高（A）}{（A）＋有形固定資産及び無形固定資産の期末残高（法人全体）} ≦10\%$$

設例 〈リース取引〉

当期（X1年4月1日からX2年3月31日まで）において、X2年3月1日に車輛をリースしました。この車輛は所有権移転外ファイナンス・リースに該当するものであり有形リース資産への計上額は4,200,000円です。リース期間は5年間で毎月末日にリース料80,000円を預金より支払います（リース料総額4,800,000円）。リース料総額と有形リース資産の差額600,000円は利息相当額です。

また、利息相当額の配分についてはリース資産総額に重要性が乏しいと認められるため、利息相当額の総額をリース期間中の各期に定額で配分する方法により行います。

減価償却はリース期間定額法により行います。

X2年3月1日リース取引開始時

	借方		貸方	
	有形リース資産	4,200,000	リース債務	4,200,000
資金仕訳	なし			

X2年3月31日リース料支払時

	借方		貸方	
	リース債務	80,000	現金預金	80,000
資金仕訳	ファイナンス・リース債務の返済支出	80,000	支払資金	80,000

X2年3月31日決算整理事項（減価償却費計上）

	借方		貸方	
	減価償却費	70,000※	有形リース資産	70,000※
資金仕訳	なし			

※有形リース資産4,200,000×1月/リース期間60月=70,000

X2年3月31日決算整理事項（リース取引利息額計上）

	借方		貸方	
	支払利息	10,000※	リース債務	10,000※
資金仕訳	なし			

※利息相当額600,000×1月/リース期間60月=10,000

X2年3月31日決算整理事項（1年基準振替）

	借方		貸方	
	リース債務	960,000※	1年以内返済予定リース債務	960,000※
資金仕訳	なし			

※リース支払額80,000×12月=960,000

　リース債務のうち、翌期に支払う金額を1年基準により流動負債の勘定科目である1年以内返済予定リース債務に振り替えます。詳しくは「Q35　1年基準とはどのようなものですか」を参照してください。

演習問題

〈リース取引〉

解答は239ページ

　X2年2月1日に車輌をリースしました。この車輌は所有権移転外ファイナンス・リースに該当するものです。リース期間は6年間で毎月末日にリース料60,000円を預金より支払います（リース料総額4,320,000円）。

　また、利息相当額の配分についてはリース資産総額に重要性が乏しいと認められるため、リース料総額から利息相当額の合理的な見積額を控除しない方法によります。なお、利息相当額を控除しない方法ではリース資産としてリース料総額を計上します。

　減価償却はリース期間定額法により行います。

　当期（X1年4月1日からX2年3月31日まで）の仕訳を記入してください。

X2年2月1日リース取引開始時

	借方		貸方	
資金仕訳				

X2年2月28日リース料支払時

	借方		貸方	
資金 仕訳				

X2年3月31日リース料支払時

	借方		貸方	
資金 仕訳				

X2年3月31日決算整理事項（減価償却費計上）

	借方		貸方	
資金 仕訳				

X2年3月31日決算整理事項（1年基準振替）

	借方		貸方	
資金 仕訳				

25 引当金とはどのようなものですか

A 引当金とは、将来の費用のうち当期に属する金額を費用として計上した際に繰り入れられる負債の額をいいます。

　引当金とは、将来の特定の費用又は損失のうち、当期の負担に属する金額を見積もり、当期の費用として計上するとともに、負債として繰り入れられる金額をいいます。引当金はその発生が当期以前の事象に起因し、発生の可能性が高く、かつその金額を合理的に見積もることができる場合に計上します。引当金は貸借対照表の負債の部に計上又は資産の部に控除項目として記載します。引当金の繰入れは資金の移動を伴うものではないため、事業活動計算書にのみ計上され資金収支計算書では計上されません。

　社会福祉法人会計基準では、重要性が乏しい場合を除き徴収不能引当金、賞与引当金、退職給付引当金、役員退職慰労引当金を計上する必要があります。

① 　**徴収不能引当金**…会計年度末において徴収不能な債権及び過去の徴収不能額の発生割合に応じた見積額

② 　**賞与引当金**…翌期に支給する職員の賞与のうち、支給対象期間が当期に帰属する支給見込額

③ 　**退職給付引当金**…将来支給する職員の退職金のうち、会計年度末までの負担に属する金額の見積額

④ 　**役員退職慰労引当金**…将来支給する役員退職慰労金のうち、会計年度末時点までの負担に属する金額の見積額

Q26 徴収不能引当金はどのように処理したら良いですか

演習問題
アリ！
80ページへ

A 将来の債権の徴収不能額のうち当期に属する金額を見積り、費用に計上するとともに負債に計上します。

❶ 徴収不能引当金とは

徴収不能引当金とは、会計年度末において徴収不能な債権及び過去の徴収不能額の発生割合に応じた見積額をいいます。サービス活動により生じた事業未収金や未収金等は金銭債権であり、相手先の支払い能力によっては徴収不能になる恐れがあります。このため、金銭債権については徴収不能の見積額を控除して評価することとしており、貸借対照表においては①徴収不能引当金を資産の控除項目（マイナス項目）として表示します。また、徴収不能引当金を表示する方法によらず、②該当する金銭債権から直接控除する方法とすることもできます。

① **間接法**…徴収不能引当金を表示する方法

貸借対照表		
資産の部		負債の部
事業未収金	1,000,000	純資産の部
徴収不能引当金	△50,000	

② **直接法**…該当する金銭債権から直接控除する方法

貸借対照表		
資産の部		負債の部
		純資産の部
事業未収金	950,000	

❷ 徴収不能引当金の対象となる勘定科目

徴収不能引当金の対象となる債権は受取手形、未収金、貸付金等とされており、勘定科目には次のものがあります。

・事業未収金

・未収金

・受取手形

・1年以内回収予定長期貸付金

・短期貸付金

・長期貸付金

❸ 徴収不能引当金の算定方法

会計年度末の金銭債権を①個別評価債権と②一般債権に区分し、前者は個別債権毎に徴収不能額を見積もり、後者は過去における平均的徴収不能額発生割合に応じた金額で見積もります。

①　**個別評価債権**…原則として、毎会計年度末において徴収することが不可能な債権を個別に判断します。

②　**一般債権**…一般債権とは①以外の債権をいいます。一般債権については、過去の徴収不能額の発生割合に応じた金額を徴収不能引当金として計上します。

設例〈徴収不能引当金①〉

当期（X1年4月1日からX2年3月31日まで）において、決算整理事項として徴収不能引当金350,000円を計上します。前年度からの繰越額は100,000円です。

X2年3月31日決算整理事項

	借方		貸方	
	徴収不能引当金繰入	250,000※	徴収不能引当金	250,000※
資金仕訳	なし			

※徴収不能引当金350,000－前年度繰越額100,000＝250,000

設例 〈徴収不能引当金②〉

　当期（X1年4月1日からX2年3月31日まで）において、決算整理事項として徴収不能引当金150,000円を計上します。前年度からの繰越額は320,000円です。

X2年3月31日決算整理事項

	借方		貸方	
	徴収不能引当金	170,000※	徴収不能引当金戻入益	170,000※
資金仕訳	なし			

※徴収不能引当金320,000－前年度繰越額150,000＝170,000

演習問題

〈徴収不能引当金〉

解答は241ページ

　Ｘ２年３月31日に決算整理事項として事業未収金について徴収不能引当金を計上します。事業未収金残高は10,000,000円であり、過去の平均的徴収不能額発生割合は１％です。なお、事業未収金には徴収不能の可能性がきわめて高い債権、徴収不能のおそれのある債権は含まれていないものとします。徴収不能引当金の前年度からの繰越額は50,000円です。当期（Ｘ１年４月１日からＸ２年３月31日まで）の仕訳を記入してください。

Ｘ２年３月31日決算整理事項

	借方		貸方	
資金 仕訳				

演習問題
アリ！
84ページへ

Q27 賞与引当金はどのように処理したら良いですか

A 翌期の賞与支給額のうち当期に属する金額を見積り、費用に計上するとともに負債に計上します。

❶ 賞与引当金とは

　賞与引当金とは、翌期に支給する職員の賞与のうち、支給対象期間が当期に帰属する支給見込額をいいます。給与規程等において職員に支給する賞与の支給対象期間に定めがあり、その支給対象期間が会計年度に一致してない場合に賞与引当金を計上します。

　例として、賞与支給対象期間が12月から5月までで支給月が翌期の6月の場合を挙げています。この場合、翌期6月に支給される賞与のう

事業活動計算書

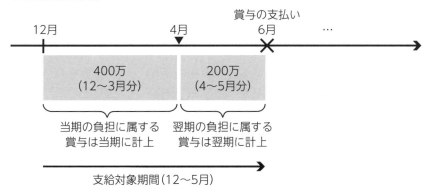

図：事業活動計算における賞与引当金の計上

資金収支計算書

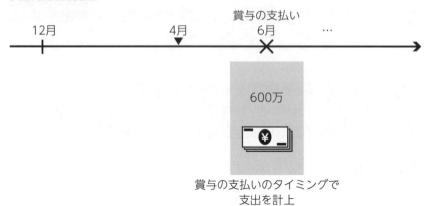

図：資金収支計算における賞与支出の計上

ち、12月から3月までの4ケ月分は当期の負担に属する費用（賞与引当金繰入）と負債である賞与引当金を計上します。

❷ 賞与引当金の算定方法

　過去の賞与支給実績、法人の業績、労使間の協定内容、翌期の給与ベースアップ等を勘案して翌期の賞与支給見込額を算出し、また賞与支給見込額に対して法人が負担する法定福利費（社会保険料、雇用保険料等）を加えます。これらの見込額のうち、当期に帰属する額を賞与引当金として計上します。

　　　　　　　　　　設例 〈賞与引当金〉

　当期（X1年4月1日からX2年3月31日まで）においてX2年3月31日に賞与引当金10,000,000円を計上します。

Ｘ２年３月31日決算整理事項

	借方		貸方	
	賞与引当金繰入	10,000,000	賞与引当金	10,000,000
資金仕訳	なし			

演習問題

解答は241ページ

〈賞与引当金〉

　X2年3月31日に決算整理事項として賞与引当金を計上します。職員賞与は給与規程において、以下のように定められています。翌年度の6月賞与の支給見込額は5,000,000円、会社負担分の社会保険料見込額は1,000,000円です。

・賞与支給月　6月、12月

・賞与支給対象期間　6月賞与12～5月、12月賞与6～11月

　なお、当期末において前年度から繰り越された賞与引当金はないものとします。

　当期（X1年4月1日からX2年3月31日まで）の仕訳を記入してください。

X2年3月31日決算整理事項

	借方		貸方	
資金仕訳				

Q28 退職給付引当金はどのように処理したら良いですか

演習問題
アリ！
90ページへ

A 将来の退職給付のうち当期に属する金額を見積り、費用に計上するとともに負債に計上します。

❶ 退職給付引当金とは

　退職給付引当金とは、将来支給する職員の退職金のうち、会計年度末までの負担に属する金額の見積額をいいます。職員に対し退職金を支給することが定められている場合には、将来支給する退職金のうち、その会計年度の負担に属すべき金額を退職給付費用に計上し、負債として認識すべき残高を退職給付引当金として計上します。

❷ 退職給付引当金の算定方法

　退職給付引当金の会計処理には次の方法があり、それぞれ法人の規模や掛金の拠出方法、算定される金額の重要性により次のうちのいずれかのなかから処理方法を定めることとなります。

　実務上は、加入している退職共済制度等において示されている会計処理により行う必要があります。

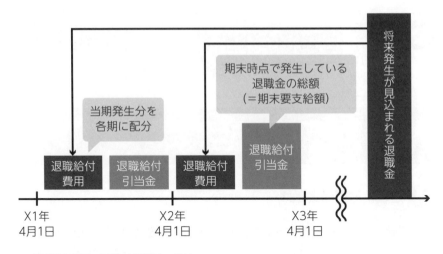

図：退職給付費用と退職給付引当金の関係

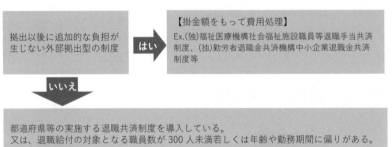

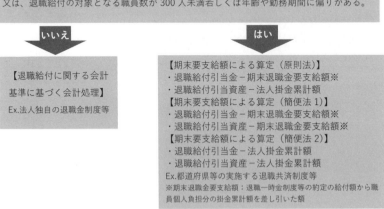

設例 〈退職給付引当金①〉

当期（X1年4月1日からX2年3月31日まで）において、独立行政法人福祉医療機構社会福祉施設職員等退職手当共済制度の掛金890,000円をX1年5月1日に預金から振り込みました。

また、X1年5月30日に退職する職員について、退職手当金請求の手続きを行いました。

X1年5月1日掛金振込時

	借方		貸方	
	退職給付費用	890,000	現金預金	890,000
資金仕訳	退職給付支出	890,000	支払資金	890,000

X1年5月30日職員退職時

	借方		貸方	
	なし			
資金仕訳	なし			

X2年3月31日決算整理事項

	借方		貸方	
	なし			
資金仕訳	なし			

独立行政法人福祉医療機構の実施する社会福祉施設職員等退職手当共済制度や確定拠出年金制度のように、拠出以後に追加的な負担が生じな

い外部拠出型の制度は、当該制度に基づく要拠出額である掛金額によって費用処理します。

> **設例** 〈退職給付引当金②〉

　当期（X1年4月1日からX2年3月31日まで）において、退職給付の対象となる職員数が300人未満であり、社会福祉法人東京都社会福祉協議会の従事者共済会に加入しています。

　X2年3月20日には、職員の給与より3月分の職員掛金57,500円を控除しました。

　X2年3月27日には、掛金115,000円（法人掛金57,500円、職員掛金57,500円）が預金より引き落とされました。

　X2年3月31日には、従事者共済会から法人に退職共済金510,000円（法人掛金累計額250,000円、職員掛金累計額250,000円）が預金口座に振り込まれ、同日職員に同額の退職手当を支給しました。

　X2年4月15日には、従事者共済会から次の内容の契約者掛金個人台帳が送られてきました。当年度掛金納付額：1,380,000円（法人掛金690,000円、職員掛金690,000円）

X2年3月20日給与控除時

	借方		貸方	
	現金預金	57,500	職員預り金	57,500
資金仕訳	なし			

X2年3月27日掛金引落時

	借方		貸方	
	職員預り金	57,500	現金預金	57,500
	退職給付引当資産	57,500	現金預金	57,500
	退職給付費用	57,500	退職給付引当金	57,500
資金仕訳	退職給付引当資産支出	57,500	支払資金	57,500

　社会福祉法人東京都社会福祉協議会の従事者共済会においては仕訳例として、期末要支給額による算定（簡便法2）による方法が示されています。したがって、貸借対照表に計上される退職給付引当資産及び退職給付引当金は法人掛金の累計額となります。

演習問題

〈退職給付引当金〉 解答は242ページ

当法人は独立行政法人福祉医療機構の社会福祉施設職員等退職手当共済制度に加入しており、Ｘ１年５月10日に掛金534,000円を預金から振り込みました。

また、Ｘ１年９月30日に退職する職員について、退職手当金請求の手続きを行いました。

当期（Ｘ１年４月１日からＸ２年３月31日まで）の仕訳を記入してください。

Ｘ１年５月10日掛金振込時

	借方		貸方	
資金仕訳				

Ｘ１年９月30日職員退職時

	借方		貸方	
資金仕訳				

Ｘ２年３月31日決算整理事項

	借方		貸方	
資金 仕訳				

Q 29 役員退職慰労引当金はどのように処理したら良いですか

A 将来の役員退職慰労金のうち当期に属する金額を見積り、費用に計上するとともに負債に計上します。

❶ 役員退職慰労引当金とは

役員退職慰労引当金とは、将来支給する役員退職慰労金のうち、会計年度末時点までの負担に属する金額の見積額をいいます。役員退職慰労金引当金を計上するのは、役員の業務執行の対価として退職慰労金を支給することが規程等で定められており、その支給額が適切に見積もることができる場合となっています。

❷ 役員退職慰労引当金の算定方法

将来支給する退職慰労金のうち、その会計年度の負担に属すべき金額を費用（役員退職慰労引当金繰入）に計上し、負債として認識すべき残高を役員退職慰労引当金に計上します。

設例〈役員退職慰労金引当金〉

当期（X1年4月1日からX2年3月31日まで）において、規程により役員に対する退職慰労金のうち当期の負担に属する金額が500,000円でした。

X2年3月31日決算整理事項

	借方		貸方	
	役員退職慰労引当金繰入	500,000	役員退職慰労引当金	500,000
資金仕訳	なし			

Q 30 基本金はどのように処理したら良いですか

演習問題アリ！ 96ページへ

A 事業開始等にあたって受け入れた寄附金の額を、純資産の部に基本金として計上します。

❶ 基本金とは

　基本金とは、社会福祉法人が事業開始等にあたって財源として受け入れた寄附金の額を純資産に計上したものをいいます。基本金には、①第１号基本金、②第２号基本金、③第３号基本金の３種類があり、それぞれの区分は次のとおりとなっています。

①　**第１号基本金**…設立や施設の創設、増築等として基本財産等を取得するために収受した寄附金の額をいいます。ただし、設備の更新や改築等の寄附金は含めません。

②　**第２号基本金**…設立や施設の創設、増築等として基本財産等を取得するため借り入れた、借入金の返済を目的とした寄附金の額をいいます。

③　**第３号基本金**…設立や施設の創設、増築等に運転資金として収受した寄附金の額をいいます。

❷ 基本金の組入れと取り崩し

　基本金への組入れは寄附金を収益に計上した後、その収益に相当する額を基本金組入額として費用に計上します（寄附金については「**Q33　寄附はどのように処理したら良いですか**」を参照してください。）。

　また、事業を廃止した際に基本金組み入れの対象となった基本財産等を廃棄や売却した場合には、その事業に組み入れられた基本金を取り崩

します。

設例 〈基本金組入①〉

　当期（X１年４月１日からX２年３月31日まで）において、建物（基本財産）を取得するため施設増築資金としてX１年10月１日に理事長より10,000,000円の寄附を受けた。

X１年10月１日寄附受入時

	借方		貸方	
	現金預金	10,000,000	施設整備等寄附金収益	10,000,000
	基本金組入額	10,000,000	基本金（第１号）	10,000,000
資金仕訳	支払資金	10,000,000	施設整備等寄附金収入	10,000,000

設例 〈基本金組入②〉

　当期（X１年４月１日からX２年３月31日まで）において、設備資金借入金の本年度償還元金のうち、X１年10月１日に理事長より5,000,000円の寄附を受けた。

X１年10月１日寄附金受入時

	借方		貸方	
	現金預金	5,000,000	設備資金借入金元金償還寄附金収益	5,000,000
	基本金組入額	5,000,000	基本金（第２号）	5,000,000
資金仕訳	支払資金	5,000,000	設備資金借入金元金償還寄附金収入	5,000,000

演習問題

〈基本金組入〉

解答は243ページ

X1年4月1日に社会福祉法人を新たに設立し、施設の建設に伴い理事長が法人に現金10,000,000円の寄附を行いました。

当期（X1年4月1日からX2年3月31日まで）の仕訳を記入してください。また、この寄附金が第何号基本金に該当するか記入してください。

X1年4月1日寄附受入時

	借方		貸方	
資金仕訳				

・第　　号基本金

Q31 国庫補助金等特別積立金はどのように処理したら良いですか

演習問題アリ！ 100ページへ

A 施設整備等にあたって受領した補助金の額を、純資産の部に国庫補助金等特別積立金として計上します。

❶ 国庫補助金等特別積立金とは

　国庫補助金等特別積立金とは、施設整備のために国又は地方公共団体から受領した補助金等を純資産に積み立てたものです。

　社会福祉法人が施設を建設する際には、国又は地方公共団体等から施設整備のための補助金の交付を受けることができます。施設整備のための補助金は、受領した会計年度に収益として計上される一方、施設整備により建設した土地や建物は固定資産に計上されます。このままでは、施設整備に対する収益と費用との期間的な対応が図られないこととなります。そのため、受領した補助金を国庫補助金等特別積立金として純資産に計上するとともに費用（国庫補助金等特別積立金積立額）を計上することで、補助金を受領した会計年度においては実質的に収益と費用が相殺されます。建設した建物は減価償却に伴い各会計年度において費用として計上されるため、国庫補助金等特別積立金も減価償却に応じて各会計年度において減価償却費の控除項目として計上します。

　また、国庫補助金等特別積立金の対象となった固定資産の廃棄や売却を行う場合においても、国庫補助金等特別積立金を取り崩します。国庫補助金を受けて取得した財産の処分には一定の承認が必要となる場合があります。詳しくは「**Q49　会計基準以外に準拠するルールがあれば教えてください**」を参照してください。

事業活動計算書

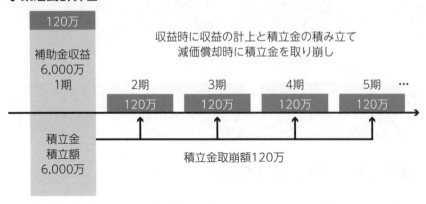

図：事業活動計算における国庫補助金等特別積立金と取崩額

資金収支計算書

図：資金収支計算における補助金収入

② 国庫補助金等の範囲

　国庫補助金等には、国又は地方公共団体の補助金、助成金又は交付金等に加えて、民間公益補助事業による助成金等も含むものとされています。国庫補助金等の例としては次のものが挙げられます。

補助金等交付元	内容
国及び地方公共団体	主として固定資産の取得に充てられることを目的として、受領した補助金、助成金及び交付金等 無償又は低廉な価額により譲渡された土地、建物
共同募金会	施設整備の目的で受け取る受配者指定寄附金以外の配分金

公益財団法人JKA	自転車競技法に規定する公益の増進を目的とする事業の振興のための補助金
公益財団法人日本財団	福祉車輌助成等

設例 〈国庫補助金等特別積立金〉

　当期（X1年4月1日からX2年3月31日まで）において、X1年4月1日に購入した建物（基本財産）100,000,000円に対してX1年4月20日に地方公共団体より施設整備のための補助金として60,000,000円が交付され、預金に振り込まれました。この建物の当期の減価償却費は2,000,000円、国庫補助金等特別積立金取崩額は1,200,000円です。

X1年4月20日補助金受領時

	借方		貸方	
	現金預金	60,000,000	施設整備等補助金収益	60,000,000
	国庫補助金等特別積立金積立額	60,000,000	国庫補助金等特別積立金	60,000,000
資金仕訳	支払資金	60,000,000	施設整備等補助金収入	60,000,000

　X2年3月31日決算整理事項

	借方		貸方	
	国庫補助金等特別積立金	1,200,000	国庫補助金等特別積立金取崩額	1,200,000
資金仕訳	なし			

演習問題

〈減価償却と国庫補助金等特別積立金〉　　解答は244ページ

　X1年10月1日に取得した建物（基本財産）60,000,000円について、X1年10月10日に地方公共団体より施設整備のための補助金として5,000,000円が交付されました。なお、建物代金の支払及び補助金の受領は全て預金で行われています。

　耐用年数は50年（定額法償却率0.02）で、減価償却は定額法で行います。また、この法人では、減価償却累計額については直接法により表示しています。

　当期（X1年4月1日からX2年3月31日まで）の仕訳を記入してください。

X1年10月1日建物取得時

	借方		貸方	
資金仕訳				

X1年10月10日補助金受領時

	借方		貸方	
資金仕訳				

X１年10月10日国庫補助金等特別積立金計上

	借方		貸方	
資金 仕訳				

X２年３月31日決算整理事項（減価償却費計上）

	借方		貸方	
資金 仕訳				

X２年３月31日決算整理事項（国庫補助金等特別積立金取崩）

	借方		貸方	
資金 仕訳				

演習問題アリ！
105ページへ

Q32 その他の積立金はどのように処理したら良いですか

A 将来の特定の目的に備えて積み立てた金額を、純資産の部にその他の積立金として計上します。

❶ その他の積立金とは

　その他の積立金とは、将来の特定の目的の費用又は損失の発生に備えるため、理事会の議決に基づき当期末繰越活動増減差額から積み立てた額をいいます。積立金には、積立ての目的を示す名称を付し、その存在を明らかにするために同額の積立資産を積み立てます。

　積立金に対応する積立資産は、流動資産の現金及び預金と区別するため定期預金等に預け入れ、その他の固定資産に計上します。なお、積立金の積み立ては当期末繰越活動増減差額から行うため、通常その金額が明らかになる決算期に行われます。そのため、現金及び預金と区別するための専用の預金口座（定期預金等）への預け入れは決算理事会終了後２か月以内に行えば良いこととなっています。

　また、積立金を取り崩す場合には対応する積立資産を同額取り崩します。

❷ 就労支援事業等に関する積立金

　就労支援事業では指定基準において就労支援事業収入はすべて就労支援事業の経費又は工賃に充てることが定められているため、原則として剰余金は発生しないこととなっています。ですが、一定の要件[※1]を満たす場合には①工賃変動積立金、②設備等整備積立金を計上することが

できます。

① **工賃変動積立金**…一定の工賃水準を利用者に保証するため、将来の一定の工賃水準を下回る工賃の補填に備えるための積立金をいいます。積立金の上限は過去3年間の平均工賃の50％以内で、各会計年度で積み立てることのできる金額は過去3年間の平均工賃の10％以内となっています。

② **設備等整備積立金**…就労支援事業に要する設備等の更新や新たな業種展開を行うための設備等の整備に対応するための積立金をいいます。積立金の上限は就労支援事業資産の取得価額の75％以内で、各会計年度で積み立てることのできる金額は過去3年間の平均工賃の10％以内となっています。

　授産事業でも同様に剰余金は発生しないこととなっていますが、人件費積立金、修繕積立金、備品等購入積立金、工賃変動積立金等を積み立てることができます。

※1　一定の要件とは、積立てを行う会計年度の利用者賃金及び利用者工賃の支払額が、前年度の利用者賃金及び利用者工賃の支払額を下回らない場合をいいます。

設例 〈積立金①〉

　当期（X1年4月1日からX2年3月31日まで）において、理事会及び評議員会にて補正予算を作成し、修繕のための積立金としてX1年6月1日に普通預金10,000,000円を定期預金にて積み立てることにしました。

X1年6月1日積立金の積み立て

	借方		貸方	
	修繕積立金積立額	10,000,000	修繕積立金	10,000,000
	修繕積立資産	10,000,000	預金現金	10,000,000
資金仕訳	修繕積立資産支出	10,000,000	支払資金	10,000,000

設例 〈積立金②〉

　当期（X2年4月1日からX3年3月31日まで）において、当初予算において修繕を計画し、修繕積立金の取り崩しを計上した。X2年11月1日に修繕積立金を取り崩し、修繕費用10,000,000円を支払った。

X2年11月1日積立金の取り崩し

	借方		貸方	
	修繕積立金	10,000,000	修繕積立取崩額	10,000,000
	現金預金	10,000,000	修繕積立資産	10,000,000
	修繕費	10,000,000	現金預金	10,000,000
資金仕訳	支払資金	10,000,000	修繕積立資産取崩収入	10,000,000
資金仕訳	修繕費支出	10,000,000	支払資金	10,000,000

演習問題

〈積立金①〉

解答は246ページ

　理事会及び評議員会にて補正予算を作成し、X 1 年 6 月10日に将来の建物購入のための積立金20,000,000円（建物取得積立金）を積み立てることとしました。また、積立金と同額の積立資産（建物取得積立資産）を積み立てるため普通預金20,000,000円を定期預金に振り替えました。

　当期（X 1 年 4 月 1 日からX 2 年 3 月31日まで）の仕訳を記入してください。

X 1 年 6 月10日積立金の積み立て

	借方		貸方	
資金 仕訳				

〈積立金②〉

　X3年度の当初予算において建物の取得を計画し、建物取得積立金の取り崩しを計上しました。X3年4月10日に建物取得積立金20,000,000円を取り崩し、その預金で建物（基本財産）20,000,000円を購入しました。

　当期（X3年4月1日からX4年3月31日まで）の仕訳を記入してください。

X3年4月10日積立金の取り崩し

	借方		貸方	
資金仕訳				
資金仕訳				

A 受け取った寄附金はその目的に応じて適切な勘定科目に計上します。また、原則として寄附金の支払いは認められていません。

❶ 寄附金の受け取り

社会福祉法人に対する寄附は、所得税や法人税等において公益性の高い法人に対するものであるとして、税制上の優遇措置が設けられています。

寄附金銭や寄附物品を受領した場合には、寄附目的に応じて適切に会計処理を行う必要があります。寄附者には寄附申込書を記載してもらい、その目的により寄附金を計上する拠点区分を決定します。また、寄附物品は取得時の時価により計上しますが、飲食物等の即日消費されるものや社会通念上寄附金として扱うことが不適当なものは寄附金として計上する必要はありません。

寄附金銭や寄附物品はその寄附目的に応じて、次の勘定科目に計上します。

① **経常経費寄附金収入（収益）**…経常的な経費（事業費や事務費等）に対する寄附金や寄附物品を計上します。

② **施設整備等寄附金収入（収益）**…施設整備や設備整備に対する寄附金を計上します。基本財産の取得を行った場合には、第1号基本金の計上を行います。

③ **設備資金借入金元金償還寄附金収入（収益）**…施設整備や設備整備の借入金元金償還に対する寄附金を計上します。基本財産の取得を行っ

た場合には、第2号基本金の計上を行います。

④　**長期運営資金借入金元金償還寄附金収入（収益）**…長期運営資金借入金の返済に対する寄附金を計上します。

⑤　**固定資産受贈額**…土地や建物等の固定資産の寄附物品を計上します。

　また、社会福祉法人に対する財産の寄附は租税特別措置法第40条の規定により譲渡所得等を非課税とする特例があります。詳しくは「**Q60 租税特別措置法第40条について教えてください**」を参照してください。

❷ 寄附金の支払い

　社会福祉法人は法人外への資金流出が禁止されているため、対価を伴わない支出である寄附金の支払いは原則として認められていません。

　一方、大規模災害等が生じた場合には、厚生労働省が特例として一定の要件のもと寄附金の支出を認めることがあります。これまでに、特例として発出された通知には以下のものがあります。なお、特例を認める通知により寄附を行う場合には、次の条件について所轄庁と事前に協議したうえでなければなりません。

①　寄附金が運営に支障を及ぼすような金額でないこと

②　当該社会福祉法人と特殊な関係が疑われる者・団体等への寄附ではないこと

③　法人の意思決定プロセスに違反するものではなく、定款に違反しないことの確認等を行うこと

> ◇東日本大震災に対し社会福祉法人が寄付金（義援金）を支出することについての特例について（平成23年4月28日厚生労働省事務連絡）
> ◇平成28年（2016年）熊本地震及びそれに伴う災害に対し社会福

祉法人が寄付金（義援金）を支出することについての特例について
（平成28年４月18日厚生労働省事務連絡）

◇平成30年７月豪雨に対し社会福祉法人が寄付金（義援金）を支出することについての特例について（平成30年７月11日）

◇平成30年北海道胆振東部地震に対し社会福祉法人が寄付金（義援金）を支出することについての特例について（平成30年10月５日厚生労働省事務連絡）

◇令和元年台風第19号に対し社会福祉法人が寄付金（義援金）を支出することについての特例について（令和元年10月18日厚生労働省事務連絡）

◇令和元年台風第15号による被害に対し社会福祉法人が寄付金（義援金）を支出することについての特例について（令和元年11月７日厚生労働省事務連絡）

◇令和２年７月豪雨による被害に対し社会福祉法人が寄付金（義援金）を支出することについての特例について（令和２年７月14日厚生労働省事務連絡）

Q 34 法人内部での取引はどのように処理したら良いですか

演習問題
アリ！
115ページへ

A 法人内部での取引は計算書類の作成段階において相殺消去を行う必要があります。

❶ 法人の内部取引とは

　社会福祉法人では、法人の事業や拠点ごとに事業区分、拠点区分、サービス区分を設けて会計処理をおこないます（詳しくは「**Q8　社会福祉法人の会計区分を教えてください**」を参照してください。）。そのため、これらの各区分間で取引を行った場合、各区分においてそれぞれ収益や費用等が生じます。これらの取引を内部取引といいます。

　内部取引は区分ごとの資金収支計算や事業活動計算を行う上では重要ですが、法人全体で見た場合には収益や費用等が過大となり法人の実態を表していません。そこで、計算書類の作成時には内部取引の相殺消去を行って表示します。なお、内部取引の相殺消去は仕訳ではなく、計算書類の内部取引消去欄において行います。

❷ 内部取引の種類

　内部取引はどの区分間での取引であるかによって、その種類が分けられます。また、内部取引の種類によって相殺消去を行う計算書類が異なります。したがって、内部取引に該当する取引がどの区分間取引に属するかを把握することが重要です。

内部取引の種類	内容
事業区分間取引	異なる事業区分間で生じる内部取引
拠点区分間取引	同一事業区分内の拠点区分間で生じる内部取引
サービス区分間取引	同一拠点区分内のサービス区分間で生じる内部取引

❸ 内部取引の勘定科目

　内部取引の勘定科目には主として次のものがあり、それぞれ借方と貸方で同額が計上されます。また、これらの科目以外でも内部取引が行われていれば、内部取引の科目として相殺消去を行う必要があります。

① 資金収支計算書勘定科目

借方	貸方
事業区分間繰入金支出	事業区分間繰入金収入
拠点区分間繰入金支出	拠点区分間繰入金収入
サービス区分間繰入金支出	サービス区分間繰入金収入
事業区分間長期貸付金支出	事業区分間長期借入金収入
拠点区分間長期貸付金支出	拠点区分間長期借入金収入
事業区分間長期借入金返済支出	事業区分間長期貸付金回収収入
拠点区分間長期借入金返済支出	拠点区分間長期貸付金回収収入

② 事業活動計算書勘定科目

借方	貸方
事業区分間繰入金費用	事業区分間繰入金収益
拠点区分間繰入金費用	拠点区分間繰入金収益
事業区分間固定資産移管費用	事業区分間固定資産移管収益
拠点区分間固定資産移管費用	拠点区分間固定資産移管収益

③ 貸借対照表勘定科目

借方	貸方
事業区分間貸付金	事業区分間借入金
拠点区分間貸付金	拠点区分間借入金
1年以内回収予定事業区分間長期貸付金	1年以内返済予定事業区分間長期借入金
1年以内回収予定拠点区分間長期貸付金	1年以内返済予定拠点区分間長期借入金
事業区分間長期貸付金	事業区分間長期借入金
拠点区分間長期貸付金	拠点区分間長期借入金

❹ 内部取引の相殺消去について

　計算書類によって、内部取引の相殺消去が行われる内部取引の種類は異なります（計算書類については「**Q43　計算書類について教えてください**」を参照してください。）。

　内部取引の相殺消去が行われる計算書類と内部取引の種類は次のとおりです。

① **法人全体**（第○号第一様式）…事業区分間取引、拠点区分間取引、サービス区分間取引を相殺消去して表示します。

② **法人全体の内訳表**（第○号第二様式）…拠点区分間取引、サービス区分間取引を相殺消去して表示し、事業区分間取引は内部取引消去欄に表示します。

③ **事業区分の内訳表**（第○号第三様式）…サービス区分間取引を相殺消去して表示し、拠点区分間取引は内部取引消去欄に表示します。

④ **拠点区分**（第○号第四様式）…サービス区分間取引を相殺消去して表示します。

「A事業区分」の計算書類を作成する場合

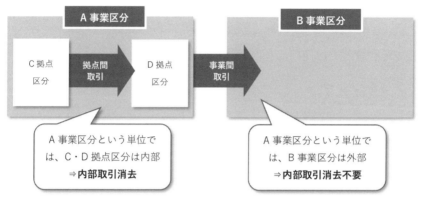

図：事業区分計算書類における拠点区分間取引の内部取引消去

「C拠点区分」の計算書類を作成する場合

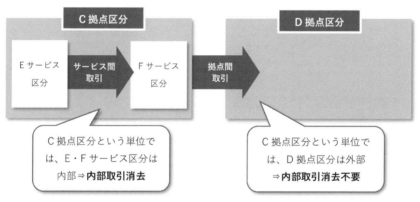

図：拠点区分計算書類におけるサービス区分間取引の内部取引消去

　就労継続支援事業所A拠点が収穫した食材を就労継続支援事業所B拠点で給食費として使用した場合、それぞれの拠点において内部取引消去を行います。

	A拠点	B拠点
	就労支援事業収益	給食費
資金科目	就労支援事業収入	給食費支出

　地域包括支援センターC拠点が法人内の居宅介護支援事業所D拠点に介護予防ケアプランの作成を委託した場合、それぞれの拠点において内部取引消去を行います。

	C拠点	D拠点
	業務委託費	受託事業収益
資金科目	業務委託費支出	受託事業収入

〈計算書類の内部取引消去〉

解答は247ページ

当期（X1年4月1日からX2年3月31日まで）について、それぞれの拠点区分貸借対照表の内部取引に関する数値は以下の通りでした。これらの数値に基づいて法人単位貸借対照表、貸借対照表内訳表、事業区分貸借対照表内訳表の内部取引に関係する箇所を作成してください。なお、拠点区分は次のとおりです。

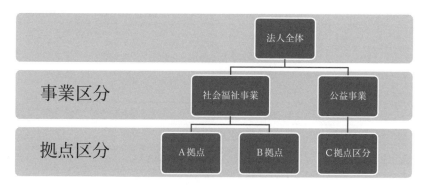

A拠点区分 貸借対照表

X2年3月31日現在

資産の部		負債の部	
流動資産	10,000,000	負債の部合計	0
現金預金	5,000,000	純資産の部	
事業区分間貸付金	2,000,000	次期繰越活動増減差額	10,000,000
拠点区分間貸付金	3,000,000	純資産の部合計	10,000,000
資産の部合計	10,000,000	負債及び純資産の部合計	10,000,000

B拠点区分 貸借対照表

X2年3月31日現在

資産の部		負債の部	
流動資産	3,000,000	流動負債	3,000,000
現金預金	3,000,000	拠点区分間借入金	3,000,000
		負債の部合計	3,000,000
		純資産の部	
		次期繰越活動増減差額	0
		純資産の部合計	0
資産の部合計	3,000,000	負債及び純資産の部合計	3,000,000

C拠点区分 貸借対照表

X2年3月31日現在

資産の部		負債の部	
流動資産	4,000,000	流動負債	2,000,000
現金預金	4,000,000	事業区分間借入金	2,000,000
		負債の部合計	2,000,000
		純資産の部	
		次期繰越活動増減差額	2,000,000
		純資産の部合計	2,000,000
資産の部合計	4,000,000	負債及び純資産の部合計	4,000,000

① 事業区分貸借対照表内訳表

社会福祉事業区分 貸借対照表内訳表

X2年3月31日現在

勘定科目	A拠点	B拠点	合計	内部取引消去	事業区分計
流動資産	10,000,000	3,000,000	13,000,000	-3,000,000	10,000,000
現金預金	5,000,000	3,000,000	8,000,000	0	8,000,000
事業区分間貸付金	2,000,000	0	2,000,000	0	2,000,000
拠点区分間貸付金	3,000,000	0	3,000,000	-3,000,000	0
資産の部合計	10,000,000	3,000,000	13,000,000	-3,000,000	10,000,000
流動負債	0	( )	( )	( )	( )
事業区分間借入金	0	0	0	0	0
拠点区分間借入金	0	( )	( )	( )	( )
負債の部合計	0	( )	( )	( )	( )
次期繰越活動増減差額	10,000,000	0	10,000,000	0	10,000,000
純資産の部合計	10,000,000	0	10,000,000	0	10,000,000
負債及び純資産の部合計	10,000,000	( )	( )	( )	( )

公益事業区分 貸借対照表内訳表

X2年3月31日現在

勘定科目	C拠点	合計	内部取引消去	事業区分計
流動資産	4,000,000	4,000,000	0	4,000,000
現金預金	4,000,000	4,000,000	0	4,000,000
事業区分間貸付金	0	0	0	0
拠点区分間貸付金	0	0	0	0
資産の部合計	4,000,000	4,000,000	0	4,000,000
流動負債	( )	( )	( )	( )
事業区分間借入金	( )	( )	( )	( )

勘定科目			
拠点区分間借入金	0	0	0	0
負債の部合計	( )	( )	( )	( )
次期繰越活動増減差額	2,000,000	2,000,000	0	2,000,000
純資産の部合計	2,000,000	2,000,000	0	2,000,000
負債及び純資産の部合計	( )	( )	( )	( )

② 貸借対照表内訳表

貸借対照表内訳表
X2年3月31日現在

勘定科目	社会福祉事業	公益事業	合計	内部取引消去	法人合計
流動資産	10,000,000	4,000,000	14,000,000	-2,000,000	12,000,000
現金預金	8,000,000	4,000,000	12,000,000	0	12,000,000
事業区分間貸付金	2,000,000	0	2,000,000	-2,000,000	0
拠点区分間貸付金	0	0	0	0	0
資産の部合計	10,000,000	4,000,000	14,000,000	-2,000,000	12,000,000
流動負債	( )	( )	( )	( )	( )
事業区分間借入金	0	( )	( )	( )	( )
拠点区分間借入金	( )	0	( )	( )	( )
負債の部合計	( )	( )	( )	( )	( )
次期繰越活動増減差額	10,000,000	2,000,000	12,000,000	0	12,000,000
純資産の部合計	10,000,000	2,000,000	12,000,000	0	12,000,000
負債及び純資産の部合計	( )	( )	( )	( )	( )

③ 法人単位貸借対照表

法人単位貸借対照表

X2年3月31日現在

資産の部		負債の部	
流動資産	12,000,000	負債の部合計	( )
現金預金	12,000,000	事業区分間借入金	( )
事業区分間貸付金	0	拠点区分間借入金	( )
拠点区分間貸付金	0	純資産の部	
		次期繰越活動増減差額	12,000,000
		純資産の部合計	12,000,000
資産の部合計	12,000,000	負債及び純資産の部合計	( )

演習問題
アリ！
124ページへ

Q 35 1年基準とは
どのようなものですか

A 貸借対照表における、流動と固定の区分を分けるための基準
をいいます。

❶ 1年基準とは

　1年基準とは、貸借対照表における流動・固定の区分についての表示
上の基準をいいます。

　資産と負債の流動・固定の区分は、正常な営業取引により生じた資産
や負債は流動資産（流動負債）とみなす正常営業循環基準と1年基準に
より行います。

　1年基準では、一定の債権及び債務について貸借対照表日の翌日から
1年以内に入金又は支払の期限が到来するものは流動資産（流動負債）
に区分します。1年基準は、決算整理として流動・固定の区分を調整す
ることとなりますが、すべての資産及び負債に適用されるわけではあり
ません。

❷ 1年基準が適用されるもの

　経常的な取引以外の取引によって発生した債権債務については、貸借
対照表日の翌日から起算して1年以内に入金又は支払の期限が到来する
ものは流動資産又は流動負債に属するものとし、入金又は支払の期限が
1年を超えて到来するものは固定資産又は固定負債に属するものとしま
す。1年基準が適用される勘定科目として次のものがあり、それぞれ①
に計上されていたもののうち、1年以内に入金又は支払の期限が到来す

る金額は②に振替えます。

①固定項目に計上されている勘定科目	②1年基準により流動項目の振替えた勘定科目
長期貸付金	1年以内回収予定長期貸付金
事業区分間長期貸付金	1年以内回収予定事業区分間長期貸付金
拠点区分間長期貸付金	1年以内回収予定拠点区分間長期貸付金
長期前払費用	前払費用
設備資金借入金	1年以内返済予定設備資金借入金
長期運営資金借入金	1年以内返済予定長期運営資金借入金
リース債務	1年以内返済予定リース債務
役員等長期借入金	1年以内返済予定役員等長期借入金
事業区分間長期借入金	1年以内返済予定事業区分間長期借入金
拠点区分間長期借入金	1年以内返済予定拠点区分間長期借入金
長期未払金	1年以内支払予定長期未払金
長期預り金	預り金

❸ 1年基準が適用されないもの

正常営業循環基準により未収金、前払金、未払金、前受金等の経常的な取引によって発生した債権債務は、流動資産または流動負債に属するものとします。

また、現金及び預金は、原則として流動資産に属しますが積立金に対応する積立資産等の特定の目的で保有する預金等は、その目的を示す適当な科目で固定資産に表示します（詳しくは「**Q32　その他の積立金はどのように処理したら良いですか**」を参照してください。）。

❹ 1年基準のイメージ

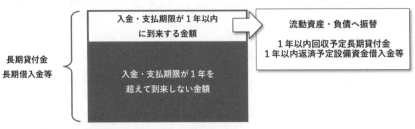

図：1年基準による固定項目から流動項目への振替

設例〈1年基準〉

　当期（X1年4月1日からX2年3月31日まで）において、X2年3月31日に銀行から設備整備資金12,000,000円を借り入れました。

　毎月10日に100,000円ずつ10年間で返済します。

X2年3月31日借入時

	借方		貸方	
	現金預金	12,000,000	設備資金借入金	12,000,000
資金仕訳	支払資金	12,000,000	設備資金借入金収入	12,000,000

X2年3月31日決算整理事項

	借方		貸方	
	設備資金借入金	1,200,000 ※	1年以内返済予定設備資金借入金	1,200,000 ※
資金仕訳	なし			

※毎月返済額100,000×12月＝1,200,000

X2年4月10日借入金返済時

	借方		貸方	
	1年以内返済予定設備資金借入金	100,000	現金預金	100,000
資金仕訳	設備資金借入金元金償還支出	100,000	支払資金	100,000

演習問題

解答は250ページ

〈1年基準〉

X2年2月1日に銀行から運営資金12,000,000円を借り入れました。返済期間は4年間でX2年3月より毎月15日に250,000円返済します。

当期（X1年4月1日からX2年3月31日まで）及びX2年4月15日借入金返済時の仕訳を記入してください。

X2年2月1日借入時

	借方		貸方	
資金仕訳				

X2年3月15日借入金返済時

	借方		貸方	
資金仕訳				

Ｘ２年３月31日決算整理事項

	借方		貸方	
資金 仕訳				

Ｘ２年４月15日借入金返済時

	借方		貸方	
資金 仕訳				

36 勘定科目は何を使えば良いですか

A 社会福祉法人会計基準では、勘定科目が会計基準省令等により定められています。

❶ 社会福祉法人会計基準で用いる勘定科目

　社会福祉法人会計基準で用いる勘定科目は、社会福祉法人会計基準（平成28年厚生労働省令第79号）及び社会福祉法人会計基準の制定に伴う会計処理等に関する運用上の留意事項について（平成28年3月31日厚生労働省課長通知）において定められています。一定の場合には、会計基準に定められた勘定科目以外を用いることも認められていますが、法人独自の勘定科目を多用すると社会福祉法人間の計算書類の比較可能性が損なわれてしまいます。また、勘定科目は会計基準の改正により変更されていきますので、最新の会計基準を確認して適切な勘定科目を用いることが重要です。

❷ 勘定科目の区分

　社会福祉法人会計の勘定科目は大区分・中区分・小区分に分けられます。勘定科目の区分は階層構造となっており、次のとおり集計されます。計算書類は様式によって表示する勘定科目の区分を定めており、その区分より下位の区分については表示しません（詳しくは「**Q43　計算書類について教えてください**」を参照してくだい。）。

　なお、会計基準に定められた勘定科目以外の勘定科目の使用については、小区分では適当な勘定科目を追加できますが、中区分ではやむを得

図：勘定科目の表示区分

ない場合に限られており、大区分では勘定科目を追加することはできません。

❸ 勘定科目の種類

　勘定科目には①資金収支計算書勘定科目、②事業活動計算書勘定科目、③貸借対照表勘定科目、④就労支援事業製造原価明細書勘定科目⑤就労支援事業販管費明細書勘定科目⑥就労支援事業明細書勘定科目⑦授産事業費用明細書勘定科目の7種類があります。

　①は資金収支計算に用いられ、②〜⑦は事業活動計算に用いられます。①資金収支計算書勘定科目と②事業活動計算書勘定科目には、○○支出と○○費用、○○収入と○○収益といったように、同一名称で同じ内容を表している勘定科目があります。これは、一つの取引に対して事業活動計算書上で収益・費用が計上され、同様に資金収支計算書上で収入・支出が計上されるため同一名称の勘定科目があるのです（詳しくは「**Q19　一取引二仕訳について教えてください**」を参照してください。）。

A 共通経費は一定の配分方法を定め、適切な区分に按分します。

　社会福祉法人には会計の区分（詳しくは「**Q8　社会福祉法人の会計区分を教えてください**」を参照してください。）があり、事業区分、拠点区分、サービス区分の別に計算書類や附属明細書の作成を行います。したがって、それらの区分の資金収支計算や事業活動計算を行う際には、共通経費の適切な配分が必要となります。

　共通経費には、複数事業に従事している職員の人件費や施設全体の水道光熱費、減価償却費等があります。これらの共通経費は法人で定めた一定の配分方法により、各区分に費用又は支出の配分を行います。勘定科目ごとの配分方法は「社会福祉法人会計基準の制定に伴う会計処理等に関する運用上の留意事項について（平成28年３月31日厚生労働省課長通知）」で次のとおり例示されています。

勘定科目	配分方法
人件費（支出） 職員給料、法定福利費等	勤務時間割合 （困難な場合には人員配置割合、延利用者数割合）
事業費（支出） 介護用品費、消耗器具備品費、給食費、水道光熱費等	消費金額、実際食数割合 （困難な場合には延利用者数割合、各事業別収入割合）
事務費（支出） 福利厚生費、事務消耗品費、保険料等	給与費割合、消費金額、建物床面積割合等 （困難な場合には延利用者数割合、建物床面積割合等）
減価償却費	建物床面積割合、使用高割合 （困難な場合には延利用者数割合）

徴収不能引当金繰入	事業ごとの債権金額に引当率を乗じた金額 (困難な場合には延利用者数割合)
支払利息(支出)	借入金に対する期末残高割合 (困難な場合には建物総床面積割合、延利用者数割合)

　これらの配分方法が適当でない場合には、実態に即した合理的な配分方法を採用することができます。どのような配分方法を採用したかは記録しておくことが必要となります。また、採用した配分方法は継続性の原則により合理的な変更理由がない限り、継続して適用することとなります。これらの配分方法を定める場合には、会計責任者等の承認権者の承認が必要となります。

　なお、役員報酬や管理部門の人件費等といったいわゆる本部経費については、共通経費として各区分に配分することは行いません。本部経費は本部拠点区分や本部サービス区分を設けて経理します。

Q38 関連当事者との取引について教えてください

A 関連当事者とは法人と関連がある者をいい、一定の取引については計算書類に注記する必要があります。

❶ 関連当事者との取引

　関連当事者との取引は、通常の外部業者との取引に比べると対等な立場で行われないおそれがあり、法人の財務内容に影響を及ぼすことが考えられます。そのため、関連当事者との取引のうち一定のものについては、計算書類に注記することとされています（詳しくは「**Q44　計算書類の注記について教えてください**」を参照してください。）。

　なお、関連当事者の範囲は次のとおりです。

関連当事者	内容
当該社会福祉法人の常勤の役員又は評議員等	役員又は評議員で報酬を受けている者及びそれらの近親者（3親等内の親族及びこの者と特別の関係にある者[※1]）
当該社会福祉法人の常勤の役員又は評議員等が所有している法人	役員又は評議員で報酬を受けている者及びそれらの近親者が議決権の過半数を有している法人
当該社会福祉法人の財務及び営業又は事業の方針の決定を支配している他の法人（支配法人）	他の法人の役員、評議員若しくは職員である者が、当該社会福祉法人の評議員会の構成員の過半数を占めている場合の他の法人
当該社会福祉法人が財務及び営業又は事業の方針の決定を支配している他の法人（被支配法人）	当該社会福祉法人の役員、評議員若しくは職員である者が他の法人の評議員会の構成員の過半数を占めている場合の他の法人

当該社会福祉法人と同一の支配法人を持つ法人	支配法人が当該社会福祉法人以外に支配している法人

※1　親族及びこの者と特別の関係にある者とは、次の者をいいます。

①　当該役員又は評議員とまだ婚姻の届け出をしていないが、事実上婚姻と同様の事情にある者

②　当該役員又は評議員から受ける金銭その他の財産によって生計を維持している者

③　①又は②の親族で、これらの者と生計を一にしている者

❷ 関連当事者の留意点

　社会福祉法人会計基準の運用上の取扱いについて（Q&A）（平成23年7月27日事務連絡）の（問27）において、関連当事者の注記の対象となる「有給常勤役員」は、概ね週4日間以上、役員として専ら法人の経営に参画し、かつ、役員としての報酬を得ている者とされています。常勤の施設長兼任役員であっても、役員報酬を得ていない者については、「有給常勤」には含みません。

Q39 社会福祉法人は合併や事業譲渡等の組織再編を行うことができますか

A 社会福祉法に規定された合併や事業譲渡等は行うことができますが、分割はできないこととされています。

❶ 社会福祉法人における組織再編について

　社会福祉法人はその公益性から合併や事業譲渡等の組織再編は所轄庁の認可を要する等の一定の制限がありますが、次のような組織再編については社会福祉法等に基づき行うことができます。また、社会福祉法人が人材不足や多様な福祉ニーズに対応するため、事業の協働化や大規模化に取り組みやすくするよう厚生労働省により「社会福祉法人の事業展開に係るガイドライン」$^{(※1)}$、「合併・事業譲渡等マニュアル」$^{(※2)}$ が公表されました。

※1　社会福祉法人の事業展開に係るガイドラインの策定について（周知依頼）（令和2年9月11日厚生労働省課長通知）
※2　社会福祉法人の「合併・事業譲渡等マニュアル」について（周知依頼）（令和2年9月11日厚生労働省通知）

種類	内容	実施の可否
吸収合併	社会福祉法人が他の社会福祉法人の権利義務の一切を承継すること	○
新設合併	2以上の社会福祉法人の権利義務の一切を新たに設立される社会福祉法人に承継させること	（社会福祉法に規定）

事業譲渡	社会福祉法人の特定の事業を他の法人に譲渡すること	△（社会福祉法に規定はないが契約により実施可能）
事業譲受	他の法人の特定の事業を社会福祉法人が譲り受けること	
分割	社会福祉法人の事業を他の法人に包括的に承継させること	×（社会福祉法に規定がないため不可）
子法人の保有	発行済株式の過半数の保有や出資により他法人を支配すること	×（子法人保有が認められていないため不可）
社会福祉連携推進法人	複数の社会福祉法人を傘下に収める一般社団法人を設立すること	○（社会福祉法に規定）

❷ 合併について

　合併とは、2つ以上の法人が契約によって1つの法人に統合することをいいます。社会福祉法人では、社会福祉法人間でのみ合併することができます（社会福祉法第48条）。社会福祉法人の合併にあたっては、所轄庁の認可等が必要となり、具体的には次のような手順を踏む必要があります。

・事前開示（合併契約に関する書面等の備置き及び閲覧等）
・理事会、評議員会の承認
・所轄庁の認可
・債権者保護手続き
・合併登記
・事後開示（合併に関する書面等の備置き及び閲覧等）

① 吸収合併
　吸収合併とは、社会福祉法人が他の社会福祉法人とする合併で、合併により消滅する社会福祉法人の権利義務の全部を合併後存続する社会福

祉法人に承継させることをいいます。

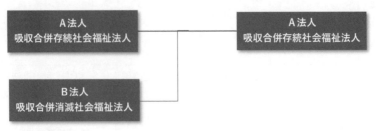

図：社会福祉法人の吸収合併

② 新設合併

　新設合併とは、2以上の社会福祉法人がする合併で、合併により消滅する社会福祉法人の権利義務の全部を合併により設立する社会福祉法人に承継させることをいいます。

図：社会福祉法人の新設合併

❸ 事業譲渡等について

　事業譲渡等とは、特定の事業を継続していくため、その事業に関する組織的な財産を他の法人に譲渡・譲受することをいいます。組織的な財産とは、単に土地や建物等の資産をいうだけでなく、事業に必要な有形・無形の全ての財産をいいます。事業譲渡等は社会福祉法において規定されているものではありませんが、取引行為の一類型として行うことができます。ただし、社会福祉法人の事業譲渡等に伴い、定款の変更手続きや基本財産の増減等が生じた場合には、所轄庁の認可や届出が必要となります。

社会福祉法人が事業譲渡等を行う場合には、次のような留意点があります。

・譲渡事業が譲受法人で継続可能であること…第一種社会福祉事業は行政か社会福祉法人しか実施できないため譲渡先法人に制限があります。

・役員等関係者への特別の利益供与の禁止等に該当しないこと…法人の関係者への事業譲渡等は特別の利益供与の禁止に抵触する場合があります。

・事業譲渡等の支払対価が法人外流出にあたらないこと…事業譲渡等を行う事業の価値の見積が適切でない場合、法人外への資金流出禁止の規定に抵触する場合があります。

・国庫補助金の取扱い…社会福祉法人が国庫補助金を受けて取得した財産を処分する場合には、厚生労働大臣等の承認が必要となります。

図：社会福祉法人の事業譲渡と事業譲受

Q 40 社会福祉法人が行う合併や事業譲渡等の会計処理を教えてください

A 合併や事業譲渡等はその経済的実態に応じて、統合又は取得として会計処理を行います。

1 組織再編における会計処理

　組織再編が行われた場合における会計処理は、令和元年度の厚生労働省社会福祉法人会計基準検討会において討議され、結合（合併、事業譲受）に関する会計処理が厚生労働省局長通知[※1]に盛り込まれることとなりました。

　結合が行われた場合には、結合の経済的実態を次の2つの類型に分けて会計処理を行うこととなりました。

	統合	取得
定義	結合の当事者のいずれもが、他の法人を構成する事業の支配を獲得したと認められない結合	ある法人が、他の法人を構成する事業の支配を獲得する結合
事例	合併	事業譲受（一定の場合を除く）
受入資産及び負債の測定	結合時の適正な帳簿価額を引き継ぐ方法（修正持分プーリング法）	結合時の公正な評価額を付す方法（パーチェス法）

※1　社会福祉法人会計基準の制定に伴う会計処理等に関する運用上の取扱いについて（平成28年3月31日厚生労働省局長通知）

❷ 合併の会計処理

　合併が行われた場合における、その経済的実態は「統合」と判断されます。したがって、被結合組織B法人[※2]は合併日に仮決算を行い、その帳簿価額を結合組織A法人[※3]が受け入れます。

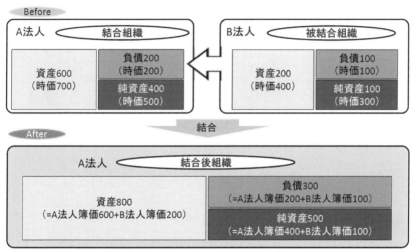

厚生労働省第1回社会福祉法人会計基準等検討会資料より引用

※2　吸収合併消滅社会福祉法人または新設合併消滅社会福祉法人
※3　吸収合併存続社会福祉法人または新設合併設立社会福祉法人

❸ 事業譲受の会計処理

　事業譲受が行われた場合における、その経済的実態は原則として「取得」として判断されます。したがって、被結合組織B法人の事業を事業譲受時の時価で受け入れます。この場合ではB法人の事業に対する支払対価300とB法人の事業の時価に差額が生じていませんが、差額が生じる場合、企業会計においては「のれん」または「負ののれん」を計上します。

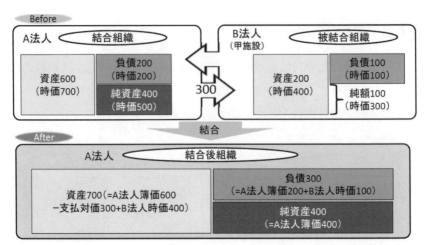

厚生労働省第1回社会福祉法人会計基準等検討会資料より引用

Q 41 社会福祉連携推進法人について教えてください

A 社会福祉連携推進法人とは、複数の社会福祉法人等を社員とする一般社団法人をいいます。

❶ 社会福祉連携推進法人とは

　社会福祉連携推進法人とは、社会福祉事業に取り組む社会福祉法人や特定非営利活動法人等を社員として、相互の業務連携を推進する一般社団法人のうち所轄庁の認定を受けた法人をいいます。社会福祉連携推進法人は法人間連携の新たな形として社会福祉協議会を通じた連携と合併・事業譲渡等の中間的な選択肢として創設された制度です。

❷ 社会福祉連携推進法人が行う事業

　社会福祉連携推進法人が行う事業には、次のような事業があります。

- ・地域共生社会の実現に資する業務の実施に向けた種別を超えた連携支援
- ・災害対応に係る連携体制の整備
- ・社会福祉事業の経営に関する支援
- ・社員である社会福祉法人への資金の貸付
- ・福祉人材不足への対応（福祉人材の確保や人材育成）
- ・設備、物資の共同購入

❸ 社会福祉連携推進法人の組織体制

　社会福祉連携推進法人には社員として①社会福祉法人その他社会福祉事業を経営する者、②社会福祉法人の経営基盤を強化するために必要な者が参画することができます。社員として参画できる法人には社会福祉法人や特定非営利活動法人等が想定されています。

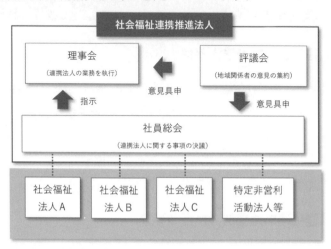

図：社会福祉連携推進法人制度の組織図

❹ 社会福祉法人への資金の貸付業務

　社会福祉法人は法人外への資金流出が禁止されており、他の社会福祉法人へ資金の貸付を行うことはできませんでした。社会福祉連携推進法人制度では、社会福祉法人の経営基盤の強化のため、社会福祉連携推進法人を通じた資金の貸付けが一定の範囲内で認められるようになりました。

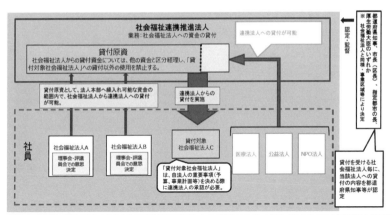

厚生労働省第1回社会福祉連携推進法人の運営の在り方等に関する検討会資料より引用

第 **4** 章

社会福祉法人の 決算報告書

社会福祉法人が作成する決算報告書には何がありますか

A 決算報告書として、計算書類、附属明細書、財産目録を作成します。

　社会福祉法人が作成する決算報告書には、①計算書類、②附属明細書、③財産目録の３つがあります。計算書類とは、資金収支計算書、事業活動計算書、貸借対照表、注記をいい、計算書類を補完するものとして、附属明細書、財産目録があります。計算書類と附属明細書は法人全体で作成する書類に加えて、事業区分、拠点区分ごとに作成する書類があります。財産目録については、法人全体でのみ作成します。

　また、計算書類と附属明細書を計算関係書類といい、それに事業報告、監査報告、会計監査報告を加えたものを計算書類等といいます。

　なお、財産目録は計算書類等に含まれず、財産目録等に含まれます。詳しくは「**Q46　財産目録について教えてください**」を参照してください。

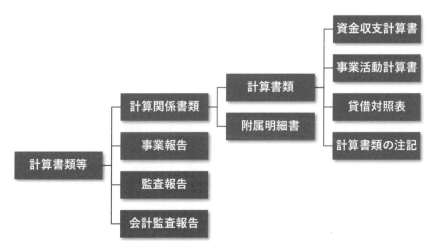

図：計算書類等の定義

① **計算書類**…資金収支計算書、事業活動計算書、貸借対照表をいいます。法人全体、事業区分、拠点区分で作成する書類があり、12種類に分けられています。また、計算書類には16項目の注記事項があります。注記は法人全体と拠点区分ごとにそれぞれ作成します。

② **附属明細書**…借入金明細書や寄附金収益明細書など19種類の明細書を作成します。法人全体で作成するものと拠点区分ごとに作成する書類があります。

③ **財産目録**…財産目録は会計年度末における全ての資産と負債を詳細に記載したものです。法人全体でのみ作成します。

Q 43 計算書類について教えてください

演習問題アリ！
178ページへ

A 計算書類として、各区分で資金収支計算書、事業活動計算書、貸借対照表を作成します。

1 計算書類とは

　計算書類とは、資金収支計算書、事業活動計算書、貸借対照表をいいます。計算書類は法人全体に加えて、事業区分、拠点区分ごとに作成します。計算書類の様式は社会福祉法人会計基準省令において規定されており、次のような様式があります。

	資金収支計算書	事業活動計算書	貸借対照表	備考
法人単位	法人単位資金収支計算書（第1号第1様式）	法人単位事業活動計算書（第2号第1様式）	法人単位貸借対照表（第3号第1様式）	
内訳表	資金収支内訳表（第1号第2様式）	事業活動内訳表（第2号第2様式）	貸借対照表内訳表（第3号第2様式）	事業区分間取引の内部取引消去欄
事業区分内訳表	事業区分資金収支内訳表（第1号第3様式）	事業区分事業活動内訳表（第2号第3様式）	事業区分貸借対照表内訳表（第3号第3様式）	拠点区分間取引の内部取引消去欄
拠点区分	拠点区分資金収支計算書（第1号第4様式）	拠点区分事業活動計算書（第2号第4様式）	拠点区分貸借対照表（第3号第4様式）	

❷ 計算書類の作成の省略

　計算書類は上記の12種類が定められていますが、法人の事務負担軽減のため、次の場合には該当する計算書類の作成を省略することができます。なお、計算書類の作成を省略した場合には、計算書類の注記に省略した旨を記載します。

①　**事業区分が社会福祉事業のみの場合**…すべての拠点が社会福祉事業区分に該当する法人は、第1号第2様式、第2号第2様式、第3号第2様式の作成を省略することができます。

②　**拠点区分が1つのみの場合**…拠点区分が1つの法人は、第1号第2様式、第1号第3様式、第2号第2様式、第2号第3様式、第3号第2様式、第3号第3様式の作成を省略することができます。

③　**拠点区分が1つの事業区分の場合**…拠点区分が1つの事業区分は、第1号第3様式、第2号第3様式、第3号第3様式の作成を省略することができます。

　事業区分や拠点区分が1つであるため計算書類の省略を作成した場合における、計算書類の組み合わせは次のとおりとなっています。

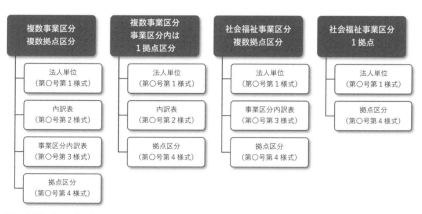

図：事業区分及び拠点区分と作成する計算書類の関係

❸ 表示する勘定科目の区分と内部取引相殺消去

　計算書類は様式によって表示する勘定科目の区分や内部取引の相殺消去の有無が異なります。

	勘定科目の区分		相殺消去する内部取引	内部取引相殺消去欄
	資金収支・事業活動計算書	貸借対照表		
法人単位 (第○号第1様式)	大区分	中区分	事業区分間 拠点区分間 サービス区分間	なし
内訳表 (第○号第2様式)	大区分	中区分	拠点区分間 サービス区分間	あり 事業区分間 取引を表示
事業区分内訳表 (第○号第3様式)	大区分	中区分	サービス区分間	あり 拠点区分間 取引を表示
拠点区分 (第○号第4様式)	小区分	小区分	サービス区分間	なし

法人単位資金収支計算書

（自）令和　年　月　日　（至）令和　年　月　日

（単位：円）

	勘定科目	予算(A)	決算(B)	差異(A)-(B)	備考
事業活動による収支	収入	介護保険事業収入				
		老人福祉事業収入				
		児童福祉事業収入				
		保育事業収入				
		就労支援事業収入				
		障害福祉サービス等事業収入				
		生活保護事業収入				
		医療事業収入				
		退職共済事業収入				
		（何）事業収入				
		（何）収入				
		借入金利息補助金収入				
		経常経費寄附金収入				
		受取利息配当金収入				
		その他の収入				
		流動資産評価益等による資金増加額				
		事業活動収入計(1)				
	支出	人件費支出				
		事業費支出				
		事務費支出				
		就労支援事業支出				
		授産事業支出				
		退職共済事業支出				
		（何）支出				
		利用者負担軽減額				
		支払利息支出				
		その他の支出				
		流動資産評価損等による資金減少額				
		事業活動支出計(2)				
		事業活動資金収支差額(3)=(1)-(2)				
施設整備等による収支	収入	施設整備等補助金収入				
		施設整備等寄附金収入				
		設備資金借入金収入				
		固定資産売却収入				
		その他の施設整備等による収入				
		施設整備等収入計(4)				
	支出	設備資金借入金元金償還支出				
		固定資産取得支出				
		固定資産除却・廃棄支出				
		ファイナンス・リース債務の返済支出				
		その他の施設整備等による支出				
		施設整備等支出計(5)				
		施設整備等資金収支差額(6)=(4)-(5)				
その他の活動による収支	収入	長期運営資金借入金元金償還寄附金収入				
		長期運営資金借入金収入				
		役員等長期借入金収入				
		長期貸付金回収収入				
		投資有価証券売却収入				
		積立資産取崩収入				
		その他の活動による収入				
		その他の活動収入計(7)				
	支出	長期運営資金借入金元金償還支出				
		役員等長期借入金元金償還支出				
		長期貸付金支出				
		投資有価証券取得支出				
		積立資産支出				
		その他の活動による支出				
		その他の活動支出計(8)				
		その他の活動資金収支差額(9)=(7)-(8)				
予備費支出(10)			×××] △×××]	—	×××	
当期資金収支差額合計(11)=(3)+(6)+(9)-(10)						

前期末支払資金残高(12)					
当期末支払資金残高(11)+(12)					

（注）予備費支出△×××円は（何）支出に充当使用した額である。

※　本様式は、勘定科目の大区分のみを記載するが、必要のないものは省略することができる。ただし追加
　・修正はできないものとする。

法人単位事業活動計算書

（自）令和　年　月　日　　（至）令和　年　月　日

（単位：円）

		勘定科目	当年度決算(A)	前年度決算(B)	増減(A)-(B)
サービス活動増減の部	収益	介護保険事業収益			
		老人福祉事業収益			
		児童福祉事業収益			
		保育事業収益			
		就労支援事業収益			
		障害福祉サービス等事業収益			
		生活保護事業収益			
		医療事業収益			
		退職共済事業収益			
		（何）事業収益			
		（何）収益			
		経常経費寄附金収益			
		その他の収益			
		サービス活動収益計（1）			
	費用	人件費			
		事業費			
		事務費			
		就労支援事業費用			
		授産事業費用			
		退職共済事業費用			
		（何）費用			
		利用者負担軽減額			
		減価償却費			
		国庫補助金等特別積立金取崩額	△×××	△×××	
		徴収不能額			
		徴収不能引当金繰入			
		その他の費用			
		サービス活動費用計（2）			
		サービス活動増減差額（3）=（1）-（2）			
サービス活動外増減の部	収益	借入金利息補助金収益			
		受取利息配当金収益			
		有価証券評価益			
		有価証券売却益			
		基本財産評価益			
		投資有価証券評価益			
		投資有価証券売却益			
		積立資産評価益			
		その他のサービス活動外収益			
		サービス活動外収益計（4）			
	費用	支払利息			
		有価証券評価損			
		有価証券売却損			
		基本財産評価損			
		投資有価証券評価損			
		投資有価証券売却損			
		積立資産評価損			
		その他のサービス活動外費用			
		サービス活動外費用計（5）			
		サービス活動外増減差額（6）=（4）-（5）			
		経常増減差額（7）=（3）+（6）			

特別増減の部	収益	施設整備等補助金収益 施設整備等寄附金収益 長期運営資金借入金元金償還寄附金収益 固定資産受贈額 固定資産売却益 その他の特別収益			
		特別収益計(8)			
	費用	基本金組入額 資産評価損 固定資産売却損・処分損 国庫補助金等特別積立金取崩額（除却等） 国庫補助金等特別積立金積立額 災害損失 その他の特別損失	△××× 	△××× 	
		特別費用計(9)			
		特別増減差額(10)=(8)-(9)			
当期活動増減額(11)=(7)+(10)					
繰越活動増減差額の部		前期繰越活動増減差額(12)			
		当期末繰越活動増減差額(13)=(11)+(12)			
		基本金取崩額(14)			
		その他の積立金取崩額(15)			
		その他の積立金積立額(16)			
		次期繰越活動増減差額(17)=(13)+(14)+(15)-(16)			

※　本様式は、勘定科目の大区分のみを記載するが、必要のないものは省略することができる。ただし追加・修正はできないものとする。

法人単位貸借対照表

令和　年　月　日現在

（単位：円）

資　産　の　部	当年度末	前年度末	増減	負　債　の　部	当年度末	前年度末	増減
流動資産				流動負債			
現金預金				短期運営資金借入金			
有価証券				事業未払金			
事業未収金				その他の未払金			
未収金				支払手形			
未収補助金				役員等短期借入金			
未収収益				1年以内返済予定設備資金借入金			
受取手形				1年以内返済予定長期運営資金借入金			
貯蔵品				1年以内返済予定リース債務			
医薬品				1年以内返済予定役員等長期借入金			
診療・療養費等材料				1年以内支払予定長期未払金			
給食用材料				未払費用			
商品・製品				預り金			
仕掛品				職員預り金			
原材料				前受金			
立替金				前受収益			
前払金				仮受金			
前払費用				賞与引当金			
1年以内回収予定長期貸付金				その他の流動負債			
短期貸付金							
仮払金							
その他の流動資産							
徴収不能引当金	△×××	△×××					
固定資産				固定負債			
基本財産				設備資金借入金			
土地				長期運営資金借入金			
建物				リース債務			
建物減価償却累計額	△×××	△×××		役員等長期借入金			
定期預金				退職給付引当金			
投資有価証券				役員退職慰労引当金			
				長期未払金			
その他の固定資産				長期預り金			
土地				退職共済預り金			
建物				その他の固定負債			
構築物							
機械及び装置							
車輌運搬具							
器具及び備品				負債の部合計			
建設仮勘定				純　資　産　の　部			
有形リース資産				基本金			
（何）減価償却累計額	△×××	△×××		国庫補助金等特別積立金			
権利				その他の積立金			
ソフトウェア				（何）積立金			
無形リース資産				次期繰越活動増減差額			
投資有価証券				（うち当期活動増減差額）			
長期貸付金							

152

退職給付引当資産							
長期預り金積立資産							
退職共済事業管理資産							
（何）積立資産							
差入保証金							
長期前払費用							
その他の固定資産							
徴収不能引当金	△×××	△×××					
				純資産の部合計			
資産の部合計				負債及び純資産の部合計			

※　本様式は、勘定科目の大区分及び中区分を記載するが、必要のない中区分の勘定科目は省略すること
　　ができる。
※　勘定科目の中区分についてはやむを得ない場合、適当な科目を追加できるものとする。

A 計算書類の注記には、計算書類を作成するにあたって法人が
定めた会計方針等を記載します。

1 計算書類の注記とは

　社会福祉法人会計基準では計算書類を補足するための情報として、注記という手法が採用されています。注記には次の15項目の記載事項があります。注記は法人全体と拠点区分で作成しますが、拠点区分の注記には①、⑫、⑬は記載しません。また、④'や⑤'のように拠点区分の注記は法人全体の注記とは一部名称が異なっています。①、③、⑨、⑩の注記は該当する事項がない場合には記載を省略できます。

	項目	法人	拠点	省略
①	継続事業の前提に関する注記	○		○
②	重要な会計方針	○	○	
③	重要な会計方針の変更	○	○	○
④	法人で採用する退職給付制度	○		
④'	採用する退職給付制度		○	
⑤	法人が作成する計算書類と拠点区分、サービス区分	○		
⑤'	拠点が作成する計算書類とサービス区分		○	
⑥	基本財産の増減の内容及び金額	○	○	
⑦	基本金又は固定資産の売却若しくは処分に係る国庫補助金等特別積立金の取崩	○	○	
⑧	担保に供している資産	○	○	

⑨	有形固定資産の取得価額、減価償却累計額及び当期末残高	○	○	○
⑩	債権額、徴収不能引当金の当期末残高、債権の当期末残高	○	○	○
⑪	満期保有目的の債券の内訳並びに帳簿価額、時価及び評価損益	○	○	
⑫	関連当事者との取引の内容	○		
⑬	重要な偶発債務	○		
⑭	重要な後発事象	○	○	
⑮	合併及び事業の譲渡若しくは事業の譲受け	○		
⑯	その他社会福祉法人の資金収支及び純資産増減の状況並びに資産、負債及び純資産の状態を明らかにするために必要な事項	○	○	

❷ 注記の記載場所

注記の記載場所は次のとおり定められています。

① 計算書類に対する注記（法人全体用）…第３号第３様式の後ろ

② 計算書類に対する注記（拠点区分用）…第３号第４様式の後ろ

❸ 注記の内容

注記に記載する項目と記載内容は次のとおりです。

①継続事業の前提に関する注記
継続事業の前提に重要な疑義を生じさせるような事象又は状況が存在する場合（事業ごとに判断するのではなく、法人全体の存続に疑義が生じた場合に限る）であって、当該事象又は状況を解消し、又は改善するための対応をしてもなお、継続事業の前提に関する重要な不確実性が認められるときは注記します。例えば債務超過等を指します。

②重要な会計方針

計算書類を作成するに当たって、その財政及び活動の状況を正しく示すために採用した会計処理の原則及び手続並びに計算書類への表示の方法を注記します。なお、代替的な複数の会計処理方法等が認められていない場合には、会計方針の注記を省略することができます。

③重要な会計方針の変更

重要な会計方針の変更とは、従来採用していた一般に公正妥当と認められる会計方針から他の一般に公正妥当と認められる会計方針に変更することをいいます。ただし、当該変更又は変更による影響が軽微である場合は注記することを省略することができます。

④法人で採用する退職給付制度
④' 採用する退職給付制度

法人が就業規則等に定める退職給付制度について注記します。

⑤法人が作成する計算書類と拠点区分、サービス区分
⑤' 拠点が作成する計算書類とサービス区分

法人又は拠点が作成する計算書類の体系と、事業区分・拠点区分・サービス区分の設定状況について注記します。なお、作成を省略した計算書類についてもその旨を注記します。

⑥基本財産の増減の内容及び金額

基本財産（土地・建物・定期預金・投資有価証券）の増減の内容及び金額について注記します。

⑦基本金又は固定資産の売却若しくは処分に係る国庫補助金等特別積立金の取崩

基本金又は国庫補助金等特別積立金の取崩を行った理由と金額を注記します。基本金の取崩は、基本財産と同様に、所轄庁の承認が必要となります。また、国庫補助金等特別積立金の取崩は、補助金等の返還が生じる可能性があるため補助金の交付元への確認が必要です。

⑧担保に供している資産

設備資金借入金等の担保に供されている資産の期末帳簿価額及び担保している債務の種類と期末残高を注記します。独立行政法人福祉医療機構との協調融資以外で民間金融機関等に基本財産を担保提供する場合は、関係行政庁による意見書を所轄庁に届け出なければなりません。

⑨有形固定資産の取得価額、減価償却累計額及び当期末残高

減価償却累計額を直接控除し貸借対照表へ表示している場合は、取得価額、減価償却累計額及び当期末残高を注記します（貸借対照表上、間接法で表示している場合には記載不要です。）。

⑩債権額、徴収不能引当金の当期末残高、債権の当期末残高

徴収不能引当金を債権から直接控除し残額のみを記載した場合には、債権の金額、徴収不能引当金の当期末残高及び当該債権の当期末残高を注記します（貸借対照表上、間接法で表示している場合には記載不要です。）。

⑪満期保有目的の債券の内訳並びに帳簿価額、時価及び評価損益

法人が時価の変動する有価証券を所有している場合、市場変動リスクがあり、会計年度末に含み損又は含み益があれば取得価額による表示だけでは実態を表しているとは言えないため有価証券の時価情報を注記します。

⑫関連当事者との取引の内容

関連当事者が自己又は第三者のために法人と取引を行った場合、取引内容を記載することによって法人の計算書類の透明性を高めるために注記します。

⑬重要な偶発債務

偶発債務は、現実にはまだ発生していないが、将来一定の条件が成立した場合に債務を負う又は損害を被る可能性が年度末において既に存在しているために注記します。

⑭重要な後発事象
後発事象は、当該会計年度末日以後に発生した事象で翌会計年度以後の財政及び活動に影響を及ぼすものを注記します。

⑮合併及び事業の譲渡若しくは事業の譲受け
合併、事業譲渡、もしくは事業の譲受けが行われた場合、その概要等を注記します。

⑯その他社会福祉法人の資金収支及び純資産増減の状況並びに資産、負債及び純資産の状態を明らかにするために必要な事項
上記①〜⑮以外に法人の利害関係者が法人の状況を適正に判断するために必要な事項を注記します。

Q45 附属明細書について教えてください

A 附属明細書には、勘定科目の内訳等の計算書類を補足するための情報を記載します。

❶ 附属明細書とは

附属明細書とは、当該会計年度における資金収支計算書、事業活動計算書及び貸借対照表の内容を補足する重要な事項を表示するものです。作成すべき附属明細書は次のとおりです。該当する事由がない場合には作成を省略できます。

附属明細書のうち、①～⑦は法人全体で作成し、⑧～⑲は拠点区分で作成します。また、⑮～⑲は就労支援事業等に関するものであるため、それらの事業を行っていない場合には作成しません。

	項目	法人	拠点
①	借入金明細書	○	
②	寄附金収益明細書	○	
③	補助金事業等収益明細書	○	
④	事業区分間及び拠点区分間繰入金明細書	○	
⑤	事業区分間及び拠点区分間貸付金（借入金）残高明細書	○	
⑥	基本金明細書	○	
⑦	国庫補助金等特別積立金明細書	○	
⑧	基本財産及びその他の固定資産（有形・無形固定資産）の明細書		○

⑨	引当金明細書		○
⑩	拠点区分資金収支明細書		○
⑪	拠点区分事業活動明細書		○
⑫	積立金・積立資産明細書		○
⑬	サービス区分間繰入金明細書		○
⑭	サービス区分間貸付金（借入金）残高明細書		○
⑮	就労支援事業別事業活動明細書		○
⑮-2	就労支援事業別事業活動明細書（多機能型事業所等用）		○
⑯	就労支援事業製造原価明細書		○
⑯-2	就労支援事業製造原価明細書（多機能型事業所等用）		○
⑰	就労支援事業販管費明細書		○
⑰-2	就労支援事業販管費明細書（多機能型事業所等用）		○
⑱	就労支援事業明細書		○
⑱-2	就労支援事業明細書（多機能型事業所等用）		○
⑲	授産事業費用明細書		○

❷ 附属明細書の内容

附属明細書には次の内容を記載します。

①借入金明細書（別紙3（①））
設備資金借入金、長期運営資金借入金、短期運営資金借入金、役員等からの長期借入金・短期借入金の別及び契約単位毎に記載します。

②寄附金収益明細書（別紙3（②））

寄附者の属性には、「法人の役職員」、「利用者本人」、「利用者の家族」、「取引業者」、「その他」の別に記載します。また、区分欄の記載は、それぞれの寄附金が計上された勘定科目毎に次のとおり区分します。

勘定科目	区分欄の記載
経常経費寄附金収益	経常
長期運営資金借入金元金償還寄附金収益	運営
施設整備等寄附金収益	施設
設備資金借入金元金償還寄附金収益	償還
固定資産受贈額	固定

③補助金事業等収益明細書（別紙3（③））

区分欄には、補助金の種類毎に次のとおり区分します。

補助金の種類	区分欄の記載
介護保険事業	介護事業
老人福祉事業	老人事業
児童福祉事業	児童事業
保育事業	保育事業
障害福祉サービス等事業	障害事業
生活保護事業	生活保護事業
医療事業	医療事業
○○事業	○○事業
借入金利息補助金収益	利息
施設整備等補助金収益	施設
設備資金借入金元金償還補助金収益	償還

④事業区分間及び拠点区分間繰入金明細書（別紙3（④））

繰入金の財源には、介護保険収入、運用収入、前期末支払資金残高等の別に記載します。

⑤事業区分間及び拠点区分間貸付金（借入金）残高明細書（別紙3（⑤））

事業区分間及び拠点区分間の貸付金及び借入金がそれぞれ一致していることを確認して記載します。

⑥基本金明細書（別紙3（⑥））

基本金を第一号、第二号、第三号の別に記載します。「区分並びに組入れ及び取崩しの事由」の欄に該当する事項がない場合には、記載を省略します。

⑦国庫補助金等特別積立金明細書（別紙3（⑦））

サービス活動費用の控除項目として計上する取崩額には、国庫補助金等特別積立金の対象となった固定資産の減価償却相当額等の取崩額を記入し、特別費用の控除項目として計上する取崩額には、国庫補助金等特別積立金の対象となった固定資産が売却または廃棄された場合の取崩額を記載します。また、国庫補助金等特別積立金取崩額が、就労支援事業の控除項目に含まれ、法人単位事業活動計算書に表示されない額がある場合には、取崩の事由に別掲して記載し、法人単位貸借対照表と一致するように作成します。

⑧基本財産及びその他の固定資産（有形・無形固定資産）の明細書（別紙3（⑧））

「うち国庫補助金等の額」については、設備資金元金償還補助金がある場合には、償還補助総額を記載した上で、国庫補助金取崩計算を行うものとします。ただし、「将来入金予定の償還補助金の額」欄では、「期首帳簿価額」の「うち国庫補助金等の額」はマイナス表示し、実際に補助金を受けた場合に「当期増加額」の「うち国庫補助金等の額」をプラス表示することにより、「差引」欄の「期末帳簿価額」の「うち国庫補助金等の額」が貸借対照表上の国庫補助金等特別積立金残高と一致するように作成します。また、「当期増加額」には減価償却控除前の増加額、「当期減少額」には当期減価償却額を控除した減少額を記載します。

⑨引当金明細書（別紙3（⑨））

引当金明細書には、引当金の種類ごとに、期首残高、当期増加額、当期減少額及び期末残高の明細を記載します。目的使用以外の要因による減少額については、その内容及び金額を注記します。都道府県共済会または法人独自の退職給付制度において、職員の転職または拠点間の異動により、退職給付の支払を伴わない退職給付引当金の増加または減少が発生した場合は、当期増加額又は当期減少額（その他）の欄に括弧書きでその金額を内数として記載します。

⑩拠点区分資金収支明細書（別紙3（⑩））
⑪拠点区分事業活動明細書（別紙3（⑪））

介護保険サービス及び障害福祉サービスを実施する拠点については、それぞれの事業ごとの事業活動状況を把握するため、拠点区分事業活動明細書（別紙3（⑪））を作成するものとし、拠点区分資金収支明細書（別紙3（⑩））の作成は省略することができます。

子どものための教育・保育給付費、措置費による事業を実施する拠点は、それぞれの事業ごとの資金収支状況を把握する必要があるため、拠点区分資金収支明細書（別紙（⑩）を作成するものとし、拠点区分事業活動明細書（別紙3（⑪））の作成は省略することができます。

上記以外の事業を実施する拠点については、当該拠点で実施する事業の内容に応じて、拠点区分資金収支明細書及び拠点区分事業活動明細書のうちいずれか一方の明細書を作成するものとし、残る他方の明細書の作成は省略することができます。また、サービス区分が1つの拠点区分は、拠点区分資金収支明細書（別紙3（⑩））及び拠点区分事業活動明細書（別紙3（⑪））の作成を省略できます。

上記に従い、拠点区分資金収支明細書（別紙3（⑩））又は拠点区分事業活動明細書（別紙3（⑪））を省略する場合には、計算書類に対する注記（拠点区分用）「4．拠点が作成する計算書類とサービス区分」にその旨を記載するものとします。

⑫積立金・積立資産明細書（別紙3（⑫））

積立金を計上せずに積立資産を積み立てる場合には、摘要欄にその理由を記載します。また、退職給付引当金に対応して退職給付引当資産を積み立てる場合及び長期預り金に対応して長期預り金積立資産を積み立てる場合には摘要欄にその旨を記載します。

⑬サービス区分間繰入金明細書（別紙3（⑬））

拠点区分資金収支明細書（別紙3（⑩））を作成した拠点においては、本明細書を作成します。また、繰入金の財源には、措置費収入、保育所運営費収入、前期末支払資金残高等の別を記載します。

⑭サービス区分間貸付金（借入金）残高明細書（別紙3（⑭））

拠点区分資金収支明細書（別紙3（⑩））を作成した拠点においては、本明細書を作成します。

⑮就労支援事業別事業活動明細書（別紙3（⑮））
⑯就労支援事業製造原価明細書（別紙3（⑯））
⑰就労支援事業販管費明細書（別紙3（⑰））
⑱就労支援事業明細書（別紙3（⑱））
⑲授産事業費用明細書（別紙3（⑲））

「就労支援事業製造原価明細書」及び「就労支援事業販管費明細書」について、多種少額の生産活動を行う等の理由により、作業種別ごとに区分することが困難な場合は、作業種別ごとの区分を省略することができます。なお、この場合において、別紙3（⑮）又は別紙3（⑮－2）の「就労支援事業別事業活動明細書」を作成の際には、作業種別毎の区分は不要となります。

⑮-2就労支援事業別事業活動明細書（多機能型事業所等用）（別紙3（⑮-2））
⑯-2就労支援事業製造原価明細書（多機能型事務所等用）（別紙3（⑯-2））
⑰-2就労支援事業販管費明細書（多機能型事務所等用）（別紙3（⑰-2））
⑱-2就労支援事業明細書（多機能型事務所等用）（別紙3（⑱-2））

「就労支援事業製造原価明細書」及び「就労支援事業販管費明細書」について、多種少額の生産活動を行う等の理由により、作業種別ごとに区分することが困難な場合は、作業種別ごとの区分を省略することができます。なお、この場合において、別紙3（⑮）又は別紙3（⑮－2）の「就労支援事業別事業活動明細書」を作成の際には、作業種別毎の区分は不要となります。

Q46 財産目録について教えてください

A 財産目録には、すべての資産と負債の詳細を記載します。

1 財産目録とは

　財産目録とは、会計年度末時点におけるすべての資産と負債について、その名称や数量、金額等を詳細に記載したものです（会計基準省令第31条）。財産目録は貸借対照表の勘定科目ごとに名称や数量、金額を記載しており、貸借対照表の内訳を詳細に説明したものといえます。

　社会福祉法人は設立に際しても財産目録を作成し、常にその主たる事務所に備え置かなければならないこととされています。また、毎会計年度終了後に作成すべき財産目録等の内の書類の1つです。

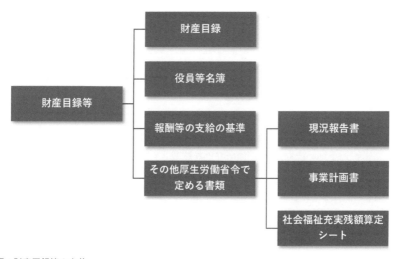

図：財産目録等の定義

なお、財産目録等とは、財産目録と役員等名簿、報酬等の支給の基準等をいい、これらは事務所に一定期間備え置き、閲覧に供する必要があります。

❷ 財産目録の作成方法

　財産目録には、会計年度末におけるすべての資産及び負債について、その名称、数量、金額等を詳細に記載します。財産目録は法人単位で作成し、貸借対照表勘定科目を用いて表示します。

　財産目録では、資産の部と負債の部を記載した後、それらの差額である差引純資産を表示しますが、純資産の内訳は表示しません。財産目録と法人単位貸借対照表では次の金額が同一となります。

	財産目録	法人単位貸借対照表
①	Ⅰ　資産の部　資産合計	資産の部合計
②	Ⅱ　負債の部　負債合計	負債の部合計
①－②	差引純資産	純資産の部合計

　財産目録には、必ずしも全ての物品等について記載する必要はありません。財産目録の記載上の留意事項は次のとおりです。

勘定科目	場所・物量等	取得年度	使用目的
流動資産	資産の名称と物量を記載 預金口座番号は任意	記載不要	控除対象(外)財産の別に記載
固定資産	資産の名称と物量を記載 (土地・建物)拠点別に所在地を記載 (車輛運搬具)会社名・車種を記載、 車輛番号は任意	建物のみ記載	控除対象(外)財産の別に記載
流動負債	負債の名称や内訳を記載	記載不要	記載不要
固定負債	負債の名称や内訳を記載	記載不要	記載不要

他にも、財産目録へ記載するうえで、次のような事項に留意する必要があります。

① **使用目的等欄の記載内容**…社会福祉充実財産の算定に必要な控除対象(外)財産の判定を行うため、各資産の使用目的を簡潔に記載します。

② **科目を分けて記載した場合**…土地・建物について拠点別に記載した場合又は控除対象(外)財産を区分した場合には、小計欄を設けて貸借対照表価額と一致させます。

③ **場所・物量等が複数件ある場合**…全てを記載せず、他何件と記載します。

④ **減価償却資産（有形固定資産に限る）の記載方法**…貸借対照表価額には、取得価額と減価償却累計額の差額を記載します。また、減価償却累計額には減損損失累計額を含みます。

⑤ **ソフトウェアの記載方法**…取得価額から貸借対照表価額を控除した額を減価償却累計額欄に記載します。

Q 47 社会福祉法人の提出書類と 公表書類を教えてください

A 法令の定めにより期限までに計算書類や事業報告等を理事会 や評議員会等に提出する必要があります。

❶ 提出書類について

　社会福祉法人は毎会計年度、次の書類について理事会及び評議員会で承認を受け、所轄庁である国又は地方公共団体に提出する必要があります。また、一定の場合には税務署や法務局への届出も必要となります。

①　**理事会**…計算関係書類、事業報告とその附属明細書、財産目録を理事会に提出し、承認を受けなければなりません（社会福祉法第45条の28第3項、社会福祉法施行規則第2条の40第2項）。

②　**評議員会**…計算書類と事業報告、財産目録、監査報告、会計監査報告を定時評議員会に提出し、承認を受けなければなりません（社会福祉法第45条の30、31、社会福祉法施行規則第2条の40第1項）。

③　**所轄庁**…毎会計年度終了後3月以内に、現況報告書、計算書類、財産目録等を所轄庁に届け出なければなりません（社会福祉法第59条）。提出は原則として、財務諸表等電子開示システムを通じて行います。

④　**法務局**…毎会計年度終了後3月以内に、会計年度末時点の資産の総額を、登記することとされています（組合等登記令第3条第2項）。資産の総額とは貸借対照表の純資産の部又は財産目録の差引純資産の金額をいいます。

⑤　**税務署**…法人税の確定申告書を提出しない社会福祉法人は、年間の収入金額の合計額が8,000万円以下の場合を除き、原則として事業年度

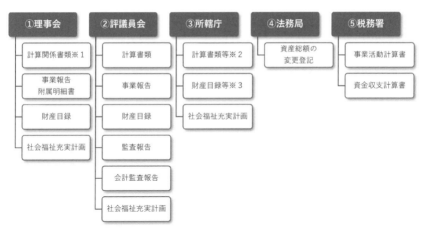

①理事会	②評議員会	③所轄庁	④法務局	⑤税務署
計算関係書類※1	計算書類	計算書類等※2	資産総額の変更登記	事業活動計算書
事業報告附属明細書	事業報告	財産目録等※3		資金収支計算書
財産目録	財産目録	社会福祉充実計画		
社会福祉充実計画	監査報告			
	会計監査報告			
	社会福祉充実計画			

図：社会福祉法人の提出書類と提出先

※1　計算関係書類…計算書類と附属明細書をいいます（詳しくは「**Q42　社会福祉法人が作成する決算報告書には何がありますか**」を参照してください。）。

※2　計算書類等…計算関係書類、事業報告、監査報告、会計監査報告をいいます（詳しくは「**Q42　社会福祉法人が作成する決算報告書には何がありますか**」を参照してください。）。

※3　財産目録等…財産目録、役員等名簿、報酬等の支給の基準、現況報告書等をいいます（詳しくは「**Q46　財産目録について教えてください**」を参照してください。）。

終了の日の翌日から４月以内に、その事業年度の事業活動計算書又は資金収支計算書を、主たる事務所の所在地の所轄税務署長に提出しなければなりません。そのため、該当する場合には公益法人等の損益計算書等の提出として法人全体の事業活動計算書又は資金収支計算書を提出します。

❷ 公表書類

　社会福祉法人は高い公益性を持つことから、事業運営の透明性を確保するため、一定の書類を主たる事務所等において備置き閲覧に供するとともに国民一般に対して公表する必要があります（社会福祉法第34条の２、第45条の32、第45条の34、第59条の２）。国民一般に対する公表は財務諸表等電子開示システムを通じてインターネット上で行われます。

　主たる事務所等への備置きと閲覧、公表を行う必要がある書類は次の

とおりとなっています。

		備置き・閲覧	公表
定款		○	○
計算書類等	計算書類	○	○
	附属明細書	○	
	事業報告	○	
	監査報告	○	
	会計監査報告	○	
財産目録等	財産目録	○	
	役員等名簿	○	○
	報酬等の支給の基準	○	○
	現況報告書	○	○
	事業計画書	○	
	社会福祉充実残額算定シート	○	
社会福祉充実計画			○

A 決算報告書は、6月末までに評議員会で承認を受ける必要が
あります。

　決算作業は期限内に決算原案を理事長に提出し、その後に監事監査を
経て理事会の承認を受け、このうち計算書類は評議員会の承認を受けた
のち、計算書類等と財産目録等は、所轄庁に提出しなければなりません。
理事会と評議員会の開催時期や所轄庁への提出期限は社会福祉法で定め
られているため、決算作業を円滑にかつ確実に行うためには、計画的に
進める必要があります。決算関連スケジュールの例は次のとおりです。

	会計業務	法人運営
3/31	①**決算準備作業** ・各勘定科目の残高確認 ・社会福祉充実財産の試算 ・固定資産台帳の整理	⑤**理事会** ・最終補正予算の確定 ・次年度当初予算 ・次年度事業計画
4/30	②**決算整理作業** ・流動資産、流動負債整理等 ③**計算書類等作成** ・計算書類 ・注記 ・附属明細書 ・財産目録	⑥**会計監査人監査** ⑦**監事監査** (理事長の最終承認後) ⑧**理事会** ・決算報告 ・事業報告
5/31	④**社会福祉充実財産の算定**	⑨**定時評議員会** ⑩**税務申告** ⑪**法務局登記** ・資産総額変更登記 ⑫**所轄庁提出**
6/30		・法人現況報告書作成

		⑬**税務署提出** ・公益法人等の損益計算書等の提出書 ・事業活動計算書等
7/31		

① **決算準備作業**…決算の準備作業は会計年度末を迎える前から行います。具体的には現金預金や未収金、未払金等の残高確認や固定資産の実査、棚卸しの実施、社会福祉充実財産の試算等です。

② **決算整理作業**…決算整理作業では、勘定科目の実際有高と帳簿残高の差異の調整や、減価償却・引当金等の決算整理仕訳、積立金・基本金の積立、1年基準による流動区分と固定区分の振替等を行います。

③ **計算書類等作成**…①、②ののちに計算書類等を作成します。計算書類の作成にあたっては内部取引の相殺消去等を行います。また、計算書類等の作成は監査までに行う必要があります。

④ **社会福祉充実財産の算定**…計算書類の金額をもとに社会福祉充実残額算定シートを用いて、社会福祉充実財産の算定を行います。社会福祉充実財産がある場合には社会福祉充実計画を策定することとなります。社会福祉充実計画は、⑧理事会と⑨定時評議員会での承認が必要となりますので、社会福祉充実財産の有無を事前に試算しておくことが重要です。

⑤ **理事会**…次年度事業計画や予算の承認を行います。また、予算と収入又は支出金額に大きな差異がある場合には補正予算の承認を受ける必要があります（詳しくは「**Q10　補正予算を諮るタイミングを教えてください**」を参照してください）。

⑥ **会計監査人監査**…一定規模の社会福祉法人については公認会計士又は監査法人による監査を受けなければなりません。計算書類と附属明細書、財産目録等について監査を受け、会計監査報告を受け取ります（社会福祉法第45条の19）。

⑦　**監事監査**…計算関係書類、事業報告とその附属明細書については監事よる監査を行い、監査報告を受けなければなりません（社会福祉法第45条の28）。

⑧　**理事会**…計算関係書類や事業報告等について承認を受けます（詳しくは「**Q47　社会福祉法人の提出書類と公表書類を教えてください**」を参照してください。）。なお、原則として理事会開催の１週間前までに招集の通知を行います。

⑨　**定時評議員会**…計算書類や事業報告等について承認を受けます（詳しくは「**Q47　社会福祉法人の提出書類と公表書類を教えてください**」を参照してください。）。定時評議員会は⑧理事会の承認を受けた計算書類等を２週間備え置いた後に開催することができます。なお、理事会と同様に原則として定時評議員会開催の１週間前までに招集の通知を行います（社会福祉法第45条の32第１項）。

⑩　**税務申告**…法人税や消費税等の申告の必要のある社会福祉法人は、原則として５月31日までに申告と納税を行います（詳しくは「**Q55　社会福祉法人は税金が課されるのですか**」を参照してください。）。

⑪　**法務局登記**…６月30日までに資産総額の変更登記を行います（詳しくは「**Q47　社会福祉法人の提出書類と公表書類を教えてください**」を参照してください。）。

⑫　**所轄庁提出**…６月30日までに計算書類等と財産目録等を所轄庁に提出します（詳しくは「**Q47　社会福祉法人の提出書類と公表書類を教えてください**」を参照してください。）。

⑬　**税務署提出**…年間の収入金額が8,000万円を超える社会福祉法人は7/31までに届出書を提出しなければなりません（詳しくは「**Q47　社会福祉法人の提出書類と公表書類を教えてください**」を参照してください。）。

会計基準以外に準拠するルールが あれば教えてください

A 会計基準以外にも、資金の取扱い等についてルールがあります。

　社会福祉法人会計基準によって会計基準は一元化されましたが、各事業における資金使途制限等は今も法令や通知により規定されています。そのため、社会福祉法人会計基準に加えて次のような規定に準拠する必要があります。

❶ 公益事業と収益事業の資金使途制限

　社会福祉法人の公益事業や収益事業の剰余金等については使途が制限されており、それぞれ次の事業の資金にのみ充当することができます[※1]。収益事業の収益を充てることができる公益事業は、事業規模要件を満たさない小規模な社会福祉事業や一定の公益事業に限ることとされています（社会福祉法第26条）。

	社会福祉事業	公益事業	収益事業
公益事業の剰余金	○	○	×
収益事業の収益	○	△	×

※1　社会福祉法人の認可について（平成12年12月1日厚生省局長通知）

❷ 介護保険サービスの資金使途制限

　介護報酬には原則として使途制限はありませんが、次のような経費には充当することはできません[※2]。

① 　収益事業に要する経費

② 社会福祉法人外への資金の流出（貸付を含む。）にあたる経費

③ 高額な役員報酬等

　また、他の社会福祉事業や公益事業に資金の繰入れができるのは次の要件を満たす場合となっています。

事業	繰入れの範囲
①居宅サービス事業等	当期末支払資金残高に資金不足が生じない範囲
②①以外の社会福祉事業・公益事業	事業活動資金収支差額に資金残高が生じ、かつ当期資金収支差額合計に資金不足が生じない範囲

※2　特別養護老人ホームにおける繰越金等の取扱い等について（平成12年3月10日厚生省局長通知）

❸ 障害福祉サービスにおける資金使途制限

　自立支援医療費を除く自立支援給付費には原則として使途制限はありませんが、次のような経費には充当することはできません[※3]。

① 収益事業に要する経費

② 社会福祉法人外への資金の流出（貸付を含む。）にあたる経費

③ 高額な役員報酬等

　また、他の社会福祉事業や公益事業に資金の繰入れができるのは次の要件を満たす場合となっています。

事業	繰入れの範囲
①障害者支援施設等	当期末支払資金残高に資金不足が生じない範囲
②①以外の社会福祉事業・公益事業	事業活動資金収支差額に資金残高が生じ、かつ当期資金収支差額合計に資金不足が生じない範囲

※3　障害者自立支援法の施行に伴う移行時特別積立金等の取扱いについて（平成18年10月18日厚生労働省部長通知）

❹ 保育所関係における資金使途制限

　保育所を運営する社会福祉法人が市町村から受け取る委託費については その使途が制限されています[※4]。委託費により生じた前期末支払資金残高は、運営に支障が生じない一定の範囲で、次の経費にのみ充当することができます。

①　法人本部の運営に要する経費

②　社会福祉事業や子育て支援事業の運営等に要する経費

③　公益事業の運営等に要する経費

※4　子ども・子育て支援法附則第6条の規定による私立保育所に対する委託費の経理等について （平成27年9月3日内閣府・厚生労働省局長通知）

❺ 措置施設における資金使途制限

　社会福祉施設に対する措置費については、その使途が制限されています[※5]。措置費により生じた前期末支払資金残高は、運営に支障が生じない一定の範囲で、次の経費にのみ充当することができます。

①　法人本部の運営に要する経費

②　社会福祉事業の運営に要する経費

③　公益事業の運営に要する経費

※5　社会福祉法人が経営する社会福祉施設における運営費の運用及び指導について （平成16年3月12日厚生労働省局長通知）

❻ 国庫補助金により取得した財産の処分

　厚生労働省所管の国庫補助金を受けて取得した財産を処分する場合には厚生労働大臣等の承認が必要となります[※6]。また、それらの財産を処分する場合には国庫補助金に相当する額の返還等の条件が付与されることがあります。

※6　厚生労働省所管一般会計補助金等に係る財産処分について （平成20年4月17日厚生労働省通知）

❼ 生活福祉資金における会計基準

　都道府県社会福祉協議会が実施する生活福祉資金貸付事業については、生活福祉資金会計準則により経理することとされています^(※7)。したがって、この場合には社会福祉法人会計基準とは別に経理処理を行い、計算関係書類を作成する必要があります。

※7　生活福祉資金貸付金の会計について（平成10年5月15日厚生省局長通知）

演習問題

解答は252ページ

〈計算書類の作成〉

　当期（X1年4月1日からX2年3月31日まで）について、試算表の数値は以下の通りでした。これらの数値に基づいて法人単位資金収支計算書、法人単位事業活動計算書、法人単位貸借対照表を作成してください。

残高試算表 X2年3月31日

借方	勘定科目	貸方
9,000,000	現金預金	
2,000,000	事業未収金	
	建物（基本財産）	33,000,000
	器具及び備品	1,000,000
	事業未払金	1,000,000
32,000,000	設備資金借入金	
	介護保険事業収益	360,000,000
220,000,000	人件費	
56,000,000	事業費	
41,000,000	事務費	
34,000,000	減価償却費	
1,000,000	支払利息	
	介護保険事業収入	360,000,000
220,000,000	人件費支出	
56,000,000	事業費支出	
41,000,000	事務費支出	
1,000,000	支払利息支出	
32,000,000	設備資金借入金元金償還支出	

10,000,000	支払資金	
755,000,000		755,000,000

法人単位資金収支計算書

（自）X1年4月1日（至）X2年3月31日

勘定科目			予算(A)	決算(B)	差異(A)−(B)	備考
事業活動による収支	収入	介護保険事業収入	354,000,000	360,000,000	−6,000,000	
		事業活動収入計（1）	354,000,000	360,000,000	−6,000,000	
	支出	人件費支出	221,000,000	220,000,000	1,000,000	
		事業費支出	58,000,000	56,000,000	2,000,000	
		事務費支出	42,000,000	41,000,000	1,000,000	
		支払利息支出	1,000,000	（　　　）	（　　　）	
		事業活動支出計（2）	322,000,000	（　　　）	（　　　）	
	事業活動資金収支差額（3）＝（1）−（2）		32,000,000	（　　　）	（　　　）	
施設整備等による収支	収入	施設整備等収入計（4）	0	0	0	
	支出	設備資金借入金元金償還支出	32,000,000	（　　　）	（　　　）	
		施設整備等支出計（5）	32,000,000	（　　　）	（　　　）	
	施設整備等資金収支差額（6）＝（4）−（5）		−32,000,000	（　　　）	（　　　）	
その他の活動による収支	収入	その他の活動収入計（7）	0	0	0	
	支出	その他の活動支出計（8）	0	0	0	
	その他の活動資金収支差額（9）		0	0	0	
予備費支出（10）			0	0	0	

			当年度決算(A)	前年度決算(B)	差異(A)−(B)	
当期資金収支差額合計(11)=(3)+(6)+(9)−(10)			0	( )	( )	
前期末支払資金残高(12)			170,000,000	170,000,000	0	
当期末支払資金残高(11)+(12)			170,000,000	( )	( )	

法人単位事業活動計算書

(自) X 1 年 4 月 1 日 (至) X 2 年 3 月31日

勘定科目			当年度決算(A)	前年度決算(B)	差異(A)−(B)
サービス活動増減の部	収益	介護保険事業収益	360,000,000	359,000,000	1,000,000
		サービス活動収益計(1)	360,000,000	359,000,000	1,000,000
	費用	人件費	220,000,000	217,000,000	3,000,000
		事業費	56,000,000	57,000,000	−1,000,000
		事務費	41,000,000	41,000,000	0
		減価償却費	( )	34,000,000	( )
		サービス活動費用計(2)	( )	349,000,000	( )
	サービス活動増減差額(3)=(1)−(2)		( )	10,000,000	( )
サービス活動外増減の部	収益	サービス活動外収益計(4)	0	0	0
	費用	支払利息	( )	1,000,000	( )
		サービス活動外費用計(5)	( )	1,000,000	( )
	サービス活動外増減差額(6)=(4)−(5)		( )	−1,000,000	( )
経常増減差額(7)=(3)+(6)			( )	9,000,000	( )
特別増減の部	収益	特別収益計(8)	0	0	0
	費用	特別費用計(9)	0	0	0
	特別増減差額(10)=(8)−(9)		0	0	0

当期活動増減差額(11)＝(7)＋(10)		(　　　)	9,000,000	(　　　)
繰越活動増減差額の部	前期繰越活動増減差額(12)	214,000,000	205,000,000	9,000,000
	当期末繰越活動増減差額(13)＝(11)＋(12)	(　　　)	214,000,000	(　　　)
	基本金取崩額(14)	0	0	0
	その他の積立金取崩額(15)	0	0	0
	その他の積立金積立額(16)	0	0	0
	次期繰越活動増減差額(17)＝(13)＋(14)＋(15)－(16)	(　　　)	214,000,000	(　　　)

法人単位貸借対照表

X２年３月31日現在

資産の部				負債の部			
	当年度末	前年度末	増減		当年度末	前年度末	増減
流動資産	191,000,000	180,000,000	11,000,000	流動負債	43,000,000	42,000,000	1,000,000
現金預金	139,000,000	130,000,000	9,000,000	事業未払金	11,000,000	10,000,000	1,000,000
事業未収金	52,000,000	50,000,000	2,000,000	１年以内返済予定設備資金借入金	32,000,000	32,000,000	0
固定資産	(　　　)	536,000,000	(　　　)	固定負債	(　　　)	160,000,000	(　　　)
基本財産	(　　　)	530,000,000	(　　　)	設備資金借入金	(　　　)	160,000,000	(　　　)
土地	130,000,000	130,000,000	0	負債の部合計	(　　　)	202,000,000	(　　　)
建物	(　　　)	400,000,000	(　　　)	純資産の部			
その他の固定資産	5,000,000	6,000,000	−1,000,000	基本金	300,000,000	300,000,000	0
器具及び備品	5,000,000	6,000,000	−1,000,000	次期繰越活動増減差額	(　　　)	214,000,000	(　　　)

					(うち当期活動増減差額)	( )	9,000,000	( )
					純資産の部合計	( )	514,000,000	( )
資産の部合計	( )	716,000,000	( )		負債及び純資産の部合計	( )	716,000,000	( )

第 **5** 章

社会福祉充実計画

50 社会福祉充実計画とは何ですか

A 社会福祉充実計画とは、社会福祉充実財産が生じた場合に作成する計画をいいます。

❶ 社会福祉充実計画とは

　社会福祉充実計画とは、社会福祉法人が事業を継続するために必要な財産以外の再投下可能な財産（社会福祉充実財産）を、社会福祉事業や地域公益事業等に再投下するための計画をいいます。社会福祉充実財産は毎会計年度末に算定することとされ、社会福祉充実財産が生じた場合には社会福祉充実計画を作成しなければなりません（社会福祉法第55条の2）。

　社会福祉充実計画は平成28年の社会福祉法人制度改革により財務規律の強化として法制化され、平成29年度決算より社会福祉充実財産の算定を行うこととなりました。社会福祉充実計画の策定は、社会福祉法人の公益性の高さに鑑みて、税金や保険料等の公費で生じた社会福祉充実財産を地域の福祉サービスの充実にあて、またその使途を明らかにするために行われるものです。

❷ 社会福祉充実計画の策定

　社会福祉充実計画は社会福祉充実財産が生じた場合に策定します。社会福祉充実財産の算定方法については「**Q51　社会福祉充実財産の算定方法を教えてください**」で解説しています。

　社会福祉充実計画の策定は次のような手順で行われます。

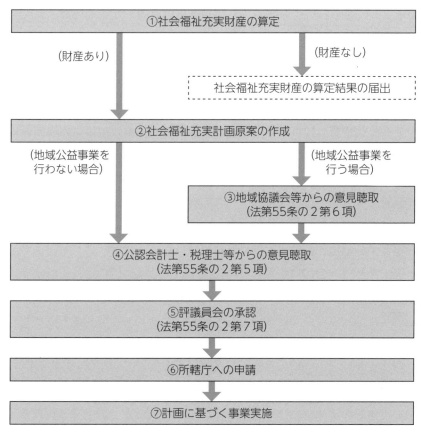

厚生労働省通知「社会福祉法第55条の２の規定に基づく社会福祉充実計画の承認等について」より引用

① **社会福祉充実財産の算定**…社会福祉充実財産の算定は「社会福祉法第55条の２の規定に基づく社会福祉充実計画の承認等について」（平成29年１月24日厚生労働省通知）に基づいて行われます。社会福祉充実計画の策定にあたっては、意見聴取や評議員会の承認、所轄庁への申請を６月30日までに行わなければなりません。したがって、定時評議員会で計算書類の承認を受けてから社会福祉充実財産の算定を行うと申請

期限に間に合わない恐れがあり、決算期を迎える前から社会福祉充実財産の試算を行っておくことが重要です。

② **社会福祉充実計画原案の作成**…社会福祉充実計画は社会福祉充実財産を原則5か年度（最大10年まで延長可）で社会福祉事業や地域公益事業、公益事業に再投下するための計画です。社会福祉事業や地域公益事業、公益事業への再投下では、既存事業の充実や新規事業の展開等にあてることとされています。社会福祉充実計画で行う事業は法人が自主的に判断し、職員処遇の改善や既存建物の建替、支援が必要な者に対して無料又は低額で行う福祉サービスの実施等を行います。

③ **地域協議会等からの意見聴取**…地域公益事業（日常生活等の支援を必要とする地域住民に対して、無料又は低額で福祉サービスを提供する事業）を行う場合には事業区域の住民その他の関係者の意見を聴かなければならないこととされています。具体的には、所轄庁が主体となって設置した地域協議会で地域の課題や必要なサービス、取り組もうとしている地域公益事業に対する意見、関係機関との連携についての意見聴取を行います。

④ **公認会計士・税理士等からの意見聴取**…社会福祉充実財産と社会福祉充実事業の実施に要する費用の額について、公認会計士又は税理士等の意見を聴かなければなりません。

⑤ **評議員会の承認**…社会福祉充実計画は意見聴取を行ったのち、評議員会の承認を受ける必要があります。

⑥ **所轄庁への申請**…社会福祉充実財産の算定結果とともに社会福祉充実計画を申請し、承認を受けます。

⑦ **計画に基づく事業実施**…原則として5か年度で社会福祉充実計画を実施します。また、社会福祉充実計画に変更があった場合には、軽微な変更を除き、所轄庁に変更の申請を行います。

Q 51 社会福祉充実財産の算定方法を教えてください

A 社会福祉充実財産の算定は、法令に定められた方法に基づいて行います。

❶ 社会福祉充実財産の算定方法

　社会福祉充実財産[※1]の算定方法は各法人間で客観的かつ公平なルールとなるよう法令や通知文書において定められています。社会福祉充実財産の算定方法は「社会福祉法第55条の２の規定に基づく社会福祉充実計画の承認等について」（平成29年１月24日厚生労働省通知）で詳しく記載されています。社会福祉充実財産の計算式は次のとおりです。

※１　社会福祉充実財産は、社会福祉法では「社会福祉充実残額」と規定されています。

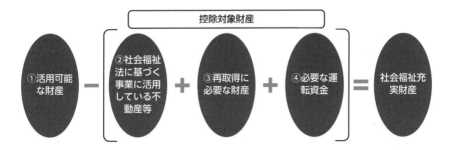

①　**活用可能な財産**…活用可能な財産とは、資産から負債や基本金、国庫補助金等特別積立金を除いた金額で、その他の積立金と次期繰越活動増減差額の合計額にあたります。

　　資産－負債－基本金－国庫補助金等特別積立金

②　**社会福祉法に基づく事業に活用している不動産等**…社会福祉事業や

公益事業、収益事業に直接又は間接的に使用しているもので、その財産がなければ事業の実施に直ちに影響を及ぼすものをいいます。活用不動産等の対象となる勘定科目とその内容は次のとおりです。また、活用不動産に対応する基本金・国庫補助金等特別積立金・負債を控除します。

　活用不動産等の貸借対照表価額の合計額−対応基本金−国庫補助金等特別積立金−対応負債

<資産の部>			控除対象の判別	理由・留意事項等
大区分	中区分	勘定科目の内容		
流動資産	現金預金	現金（硬貨、小切手、紙幣、郵便為替証書、郵便振替貯金払出証書、官公庁の支払通知書等）及び預貯金（当座預金、普通預金、定期預金、郵便貯金、金銭信託等）をいう。	−	最終的な使途目的が不明確な財産となることから控除対象とはならない。
	有価証券	国債、地方債、株式、社債、証券投資信託の受益証券などのうち時価の変動により利益を得ることを目的とする有価証券をいう。	−	
	事業未収金	事業収益に対する未収入金をいう。	−	
	未収金	事業収益以外の収益に対する未収入金をいう。	−	
	未収補助金	施設整備、設備整備及び事業に係る補助金等の未収額をいう。	◎	社会福祉事業等の用に供されることが明らかに見込まれることから、控除対象となる。
	未収収益	一定の契約に従い、継続して役務の提供を行う場合、すでに提供した役務に対していまだその対価の支払を受けていないものをいう。	−	最終的な使途目的が不明確な財産となることから控除対象とはならない。
	受取手形	事業の取引先との通常の取引に基づいて発生した手形債権（金融手形を除く）をいう。	−	
	貯蔵品	消耗品等で未使用の物品をいう。業種の特性に応じ小区分を設けることができる。	○	社会福祉事業等の用に供されるものに限り、控除対象となる。
	医薬品	医薬品の棚卸高をいう。	◎	社会福祉事業等の用に供されることが明らかに見込まれることから、控除対象となる。
	診療・療養費等材料	診療・療養費等材料の棚卸高をいう。	◎	
	給食用材料	給食用材料の棚卸高をいう。	◎	
	商品・製品	売買又は製造する物品の販売を目的として所有するものをいう。	◎	
	仕掛品	製品製造又は受託加工のために現に仕掛中のものをいう。	◎	
	原材料	製品製造又は受託加工の目的で消費される物品で、消費されていないものをいう。	◎	

立替金	一時的に立替払いをした場合の債権額をいう。	—	最終的な使途目的が不明確な財産となることから控除対象とはならない。	
前払金	物品等の購入代金及び役務提供の対価の一部又は全部の前払額をいう。	○	社会福祉事業等の用に供されるものに限り、控除対象となる。	
前払費用	一定の契約に従い、継続して役務の提供を受ける場合、いまだ提供されていない役務に対し支払われた対価をいう。	◎	費用化されるため、控除対象となる。	
1年以内回収予定長期貸付金	長期貸付金のうち貸借対照表日の翌日から起算して1年以内に入金の期限が到来するものをいう。	◎	社会福祉事業等の用に供されることが明らかに見込まれることから、控除対象となる。	
1年以内回収予定事業区分間長期貸付金	事業区分間長期貸付金のうち貸借対照表日の翌日から起算して1年以内に入金の期限が到来するものをいう。		法人全体の貸借対照表には計上されない。	
1年以内回収予定拠点区分間長期貸付金	拠点区分間長期貸付金のうち貸借対照表日の翌日から起算して1年以内に入金の期限が到来するものをいう。			
短期貸付金	生計困窮者に対して無利子または低利で資金を融通する事業、法人が職員の質の向上や福利厚生の一環として行う奨学金貸付等、貸借対照表日の翌日から起算して1年以内に入金の期限が到来するものをいう。	◎	社会福祉事業等の用に供されることが明らかに見込まれることから、控除対象となる。	
事業区分間貸付金	他の事業区分への貸付額で、貸借対照表日の翌日から起算して1年以内に入金の期限が到来するものをいう。		法人全体の貸借対照表には計上されない。	
拠点区分間貸付金	同一事業区分内における他の拠点区分への貸付額で、貸借対照表日の翌日から起算して1年以内に入金の期限が到来するものをいう。			
仮払金	処理すべき科目又は金額が確定しない場合の支出額を一時的に処理する科目をいう。	○	社会福祉事業等の用に供されるものに限り、控除対象となる。	
その他の流動資産	上記に属さない債権等であって、貸借対照表日の翌日から起算して1年以内に入金の期限が到来するものをいう。ただし、金額の大きいものについては独立の勘定科目を設けて処理することが望ましい。	○		

	徴収不能 引当金	未収金や受取手形について回収不能額を見積もったときの引当金をいう。		資産から控除済。
固定資産 （基本財産）	土地	基本財産に帰属する土地をいう。	◎	社会福祉事業等の用に供されることが明らかに見込まれることから、控除対象となる。
	建物	基本財産に帰属する建物及び建物付属設備をいう。	◎	
	定期預金	定款等に定められた基本財産として保有する定期預金をいう。	○	法人設立時に必要とされたものに限り、控除対象となる。（注１）
	投資有価証券	定款等に定められた基本財産として保有する有価証券をいう。	○	
固定資産 （その他の固定資産）	土地	基本財産以外に帰属する土地をいう。	○	社会福祉事業等の用に供されるものに限り、控除対象となる。（注２）
	建物	基本財産以外に帰属する建物及び建物付属設備をいう。	○	
	構築物	建物以外の土地に固着している建造物をいう。	○	社会福祉事業等の用に供されるものに限り、控除対象となる。
	機械及び装置	機械及び装置をいう。	○	
	車輌運搬具	送迎用バス、乗用車、入浴車等をいう。	○	
	器具及び備品	器具及び備品をいう。	○	
	建設仮勘定	有形固定資産の建設、拡張、改造などの工事が完了し稼働するまでに発生する請負前渡金、建設用材料部品の買入代金等をいう。	◎	社会福祉事業等の用に供されることが明らかに見込まれることから、控除対象となる。
	有形リース資産	有形固定資産のうちリースに係る資産をいう。	○	社会福祉事業等の用に供されるものに限り、控除対象となる。
	権利	法律上又は契約上の権利をいう。	○	
	ソフトウェア	コンピュータソフトウェアに係る費用で、外部から購入した場合の取得に要する費用ないしは制作費用のうち研究開発費に該当しないものをいう。	○	
	無形リース資産	無形固定資産のうちリースに係る資産をいう。	○	
	投資有価証券	長期的に所有する有価証券で基本財産に属さないものをいう。	－	最終的な使途目的が不明確な財産となることから控除対象とはならない。
	長期貸付金	生計困窮者に対して無利子または低利で資金を融通する事業、法人が職員の質の向上や福利厚生の一環として行う奨学金貸付等、貸借対照表日の翌日から起算して入金の期限が１年を超えて到来するものをいう。	◎	社会福祉事業等の用に供されることが明らかに見込まれることから、控除対象となる。

事業区分間長期貸付金	他の事業区分への貸付金で貸借対照表日の翌日から起算して入金の期限が1年を超えて到来するものをいう。		法人全体の貸借対照表には計上されない。
拠点区分間長期貸付金	同一事業区分内における他の拠点区分への貸付金で貸借対照表日の翌日から起算して入金の期限が1年を超えて到来するものをいう。		
退職給付引当資産	退職金の支払に充てるために退職給付引当金に対応して積み立てた現金預金等をいう。		負債から控除済。
長期預り金積立資産	長期預り金（注：ケアハウス等における入居者からの管理費等）に対応して積み立てた現金預金等をいう。		
〇〇積立資産	将来における特定の目的のために積立てた現金預金等をいう。なお、積立資産の目的を示す名称を付した科目で記載する。	－	使途目的の定めのない財産であることから控除対象とはならない。（注3）ただし、障害者総合支援法に基づく就労支援事業による工賃変動積立資産については、この限りではない。
差入保証金	賃貸用不動産に入居する際に賃貸人に差し入れる保証金をいう。	◎	社会福祉事業等の用に供されることが明らかに見込まれることから、控除対象となる。
長期前払費用	時の経過に依存する継続的な役務の享受取引に対する前払分で貸借対照表日の翌日から起算して1年を超えて費用化される未経過分の金額をいう。	◎	費用化されるため、控除対象となる。
その他の固定資産	上記に属さない債権等であって、貸借対照表日の翌日から起算して入金の期限が1年を超えて到来するものをいう。ただし、金額の大きいものについては独立の勘定科目を設けて処理することが望ましい。	〇	社会福祉事業等の用に供されるものに限り、控除対象となる。

「社会福祉法第55条の2の規定に基づく社会福祉充実計画の承認等について」（平成29年1月24日厚生労働省通知）より引用

③ **再取得に必要な財産**…社会福祉施設等の再取得に必要な財産とは、現在事業に活用している建物・設備等と同等のものを再取得するための財産で、将来の建設単価上昇率や大規模修繕費等を考慮したものです。㋐将来の建替に必要な費用と㋑建替までの間の大規模修繕に必要な費用、㋒設備・車両等の更新に必要な費用の合計額となっています。それぞれの費用の計算式は次のとおりです。

> ㋐将来の建替え等に必要な費用
> 　建物減価償却累計額×建設単価等上昇率×一般的な自己資金比率
> ㋑建替えまでの間の大規模修繕に必要な費用
> 　建物減価償却累計額×一般的な大規模修繕費用割合－過去の大規模修繕の実績額
> ㋒設備・車両等の更新に必要な費用
> 　減価償却の対象となる建物以外の固定資産減価償却累計額の合計額（社会福祉事業等に活用しているものに限る）

④ **必要な運転資金**…必要な運転資金とは、賞与の支払いや突発的な修繕工事等の緊急的な支出に備えるための手元流動資金をいいます。必要な運転資金は原則として年間事業活動支出の3月分とされています。

$$年間事業活動支出^{※} \times \frac{3}{12}$$

※年間事業活動支出…法人単位資金収支算書（第1号第1様式）の事業活動支出計をいいます。

❷ 主として施設・事業所の経営を目的としていない法人等の特例

主として施設・事業所の経営を目的としていない法人等とは、社会福祉事業等の用に供している土地・建物を所有していないか、土地・建物

の価額が著しく低い法人をいいます。このような法人では、③再取得に必要な財産の控除額が極端に少なくなってしまい法人財産のほとんどが社会福祉充実財産とされてしまいます。そこで将来的な事業用土地・建物の取得も考慮し、社会福祉充実財産の算定方法の特例が設けられています。この特例は、次のような要件を満たす場合に、④必要な運転資金として年間事業活動支出３月分ではなく、年間事業活動支出全額を控除することができるようにするものです。

　年間事業活動支出＞（③再取得に必要な財産＋④必要な運転資金）

　特例における社会福祉充実財産の算定は次の計算式で行います。

　①活用可能な財産－②社会福祉法に基づく事業に活用している不動産等－年間事業活動支出

演習問題

〈活用可能な財産の計算〉 解答は256ページ

　当期（X1年4月1日からX2年3月31日まで）について、決算数値は以下のとおりでした。これらの決算数値に基づいて活用可能な財産の計算を行ってください。

法人単位貸借対照表

X2年3月31日現在

資産の部		負債の部	
		負債の部合計	20,000,000
		純資産の部	
		基本金	10,000,000
		国庫補助金等特別積立金	5,000,000
		次期繰越活動増減差額	5,000,000
		純資産の部合計	20,000,000
資産の部合計	40,000,000	負債及び純資産の部合計	40,000,000

活用可能な財産	
①資産	
②負債	
③基本金	
④国庫補助金等特別積立金	
活用可能な財産①－②－③－④	

〈社会福祉法に基づく事業に活用している不動産等の計算〉

解答は256ページ

当期（X1年4月1日からX2年3月31日まで）について、決算数値は以下の通りでした。これらの決算数値に基づいて社会福祉法に基づく事業に活用している不動産等の計算を行ってください。なお、対応負債等は下記のとおりとします。

法人単位貸借対照表
X2年3月31日現在

資産の部		負債の部	
流動資産		設備資金借入金	10,000,000
現金預金	5,000,000	退職給付引当金	3,000,000
固定資産		負債の部合計	13,000,000
基本財産		純資産の部	
土地	10,000,000	基本金	30,000,000
建物	50,000,000	国庫補助金等特別積立金	15,000,000
その他の固定資産		次期繰越活動増減差額	10,000,000
退職給付引当資産	3,000,000	純資産の部合計	55,000,000
資産の部合計	68,000,000	負債及び純資産の部合計	68,000,000

社会福祉法に基づく事業に活用している不動産等	
①活用不動産等の貸借対照表価額の合計額	
②対応基本金	30,000,000
③国庫補助金等特別積立金	15,000,000
④対応負債	10,000,000
社会福祉法に基づく事業に活用している不動産等①－②－③－④	

〈社会福祉充実財産の計算①〉

解答は257ページ

　当期（X1年4月1日からX2年3月31日まで）について、決算数値は以下のとおりでした。これらの決算数値に基づいて社会福祉充実財産の計算を行ってください。なお、主として施設・事業所の経営を目的としてない法人等の特例は考慮しないものとします。

①活用可能な財産	
（1）資産	650,000,000
（2）負債	30,000,000
（3）基本金	10,000,000
（4）国庫補助金等特別積立金	100,000,000
活用可能な財産（1）－（2）－（3）－（4）	

②社会福祉法に基づく事業に活用している不動産等	
（1）活用不動産等の貸借対照表価額の合計額	191,000,000
（2）対応基本金	10,000,000
（3）国庫補助金等特別積立金	100,000,000
（4）対応負債	1,000,000
社会福祉法に基づく事業に活用している不動産等 （1）－（2）－（3）－（4）	

③再取得に必要な財産	
（1）将来の建替に必要な費用	150,000,000
（2）建替までの間の大規模修繕に必要な費用	40,000,000
（3）設備・車両等の更新に必要な費用	90,000,000
再取得に必要な財産（1）＋（2）＋（3）	

④必要な運転資金	
年間事業活動支出の３月分	60,000,000

社会福祉充実財産	
①活用可能な財産	
②社会福祉法に基づく事業に活用している不動産等	
③再取得に必要な財産	
④必要な運転資金	
社会福祉充実財産　①－（②＋③＋④）	

〈社会福祉充実財産の計算②〉

解答は259ページ

　当期（X１年４月１日からX２年３月31日まで）について、決算数値は以下の通りでした。これらの決算数値に基づいて社会福祉充実財産の計算を行ってください。なお、主として施設・事業所の経営を目的としてない法人等の特例は考慮しないものとします。

①活用可能な財産	
（1）資産	760,000,000
（2）負債	60,000,000
（3）基本金	90,000,000
（4）国庫補助金等特別積立金	400,000,000
活用可能な財産（1）－（2）－（3）－（4）	

②社会福祉法に基づく事業に活用している不動産等	
（1）活用不動産等の貸借対照表価額の合計額	650,000,000
（2）対応基本金	90,000,000
（3）国庫補助金等特別積立金	400,000,000
（4）対応負債	30,000,000
社会福祉法に基づく事業に活用している不動産等 （1）－（2）－（3）－（4）	

③再取得に必要な財産	
（1）将来の建替に必要な費用	90,000,000
（2）建替までの間の大規模修繕に必要な費用	60,000,000
（3）設備・車両等の更新に必要な費用	75,000,000
再取得に必要な財産（1）＋（2）＋（3）	

④必要な運転資金	
年間事業活動支出の3月分	70,000,000

社会福祉充実財産	
①活用可能な財産	
②社会福祉法に基づく事業に活用している不動産等	
③再取得に必要な財産	
④必要な運転資金	
社会福祉充実財産　①－（②＋③＋④）	

〈社会福祉充実財産の計算の特例〉

 解答は260ページ

　当期（X1年4月1日からX2年3月31日まで）について、決算数値は以下の通りでした。これらの決算数値に基づいて社会福祉充実財産の計算を行ってください。なお、主として施設・事業所の経営を目的としていない法人等の特例の判定を行い有利な方法を選択するものとします。

決算数値	
活用可能な財産	120,000,000
社会福祉法に基づく事業に活用している不動産等	50,000,000
再取得に必要な財産	35,000,000
年間事業活動支出	120,000,000

項目	原則	計算の特例
①活用可能な財産		
②社会福祉法に基づく事業に活用している不動産等		
③再取得に必要な財産		
④必要な運転資金		
⑤年間事業活動支出		
社会福祉充実財産		

Q52 社会福祉充実計画の作成が不要となる場合はありますか

A 社会福祉充実計画の策定に係る費用が社会福祉充実財産を上回る場合には、社会福祉充実計画の策定が不要となります。

❶ 社会福祉充実計画の作成が不要となる場合

社会福祉充実財産が算定された場合には、原則として社会福祉充実計画を作成する必要があります。ただし、社会福祉充実計画の策定に係る費用が社会福祉充実財産を上回ることが明らかな場合には、計画の作成が不要となります。

社会福祉充実計画の策定に係る費用 ＞ 社会福祉充実財産

❷ 社会福祉充実計画の策定に係る費用

社会福祉充実計画の策定に係る費用は、①公認会計士・税理士等への意見聴取費用、②社会福祉充実事業の実施に向けたマーケティング費用の見積金額等が例として挙げられています。

なお、社会福祉充実財産が少額であっても、法人の判断により他の財産と組み合わせることで社会福祉充実計画を策定することもできます。

53 社会福祉充実計画の終了年度の
留意点はありますか

A 終了年度に社会福祉充実財産が生じる場合には計画を再度策
定する必要があり、終了しない場合には計画の延長を行うこ
とができます。

❶ 終了年度においても社会福祉充実財産が生じる場合

　社会福祉充実財産の計算は社会福祉充実計画の実施中も含めて、毎会
計年度実施しなければなりません。そのため、社会福祉充実計画の終了
年度において社会福祉充実財産が生じる場合には、改めて社会福祉充実
計画を策定し、所轄庁の承認を得る必要があります。

❷ 社会福祉充実計画が5か年度以内に終了しない場合

　社会福祉充実計画は原則として社会福祉充実財産を5か年度以内で費
消するよう実施することとされていますが、次のような合理的な理由が
ある場合にはその実施期間を10か年度以内とすることができます。
①　社会福祉充実財産の規模からして、5か年度の計画実施期間内に費
消することが合理的ではない場合
②　5か年度の計画実施期間経過後に事業拡大や既存建物の建替を行う
等の明確な事業計画が定まっている場合

Q 54 社会福祉充実計画の計画終了前に計画した事業を終わらせることはできますか

A 社会福祉充実事業の事業費が見込みを上回った場合等には社会福祉充実計画終了前に計画を終わらせることができます。

❶ 社会福祉充実計画の変更や終了することができる場合

社会福祉充実計画は原則として5か年度の範囲で行うこととされていますが、次のようなやむを得ない場合には社会福祉充実計画の終了前に社会福祉充実事業を変更又は終了することができます。

① 社会福祉充実事業の事業費が見込みを上回ること等により、社会福祉充実財産が生じなくなることが明らかな場合

② 地域の福祉ニーズの減少等により社会福祉充実事業の目的達成や継続困難となった場合

❷ 社会福祉充実計画の変更

社会福祉充実計画の変更を行う場合には、軽微な変更を除いて所轄庁に対して変更承認の申請を行う必要があります（社会福祉法第55条の3）。変更承認の申請を行う場合には、再び理事会や評議員会の承認、意見聴取等が必要となります。一方、軽微な変更については所轄庁への届出のみ行います。

❸ 社会福祉充実計画の終了

やむを得ない事業により社会福祉充実計画を終了する場合には、所轄庁の承認を受ける必要があります（社会福祉法第55条の4）。

第 **6** 章

社会福祉法人の税務

Q 55 社会福祉法人は税金が課されるのですか

A 社会福祉法人にも非課税とされるものを除き、一定の税金が課されます。

　社会福祉法人は非営利性や公益性の高い法人であるため、税制の優遇措置が設けられています。そのため、社会福祉法人には一部納税義務がない税金や、社会福祉事業に関する取引等を非課税としている税金があります。社会福祉法人に関係する税金には以下のようなものがあります。

　一方、社会福祉法人は税制優遇を受けているとはいっても全ての税金が非課税とされているわけではありません。特に消費税はその税の性格上、社会福祉法人であることをもって納税義務が免除されるわけではありませんので注意が必要です。各税目の納税義務や計算方法は次のページ以降のQを参照してください。

税目	課税の対象	社会福祉法人の納税義務	課税期間
法人税及び地方法人税	事業年度の所得金額	納税義務なし（収益事業により生じた所得には課税）	4/1-3/31
法人住民税	事業年度の所得金額	納税義務なし（収益事業により生じた所得には課税）	4/1-3/31
法人事業税	事業年度の所得金額	納税義務なし（収益事業により生じた所得には課税）	4/1-3/31
消費税及び地方消費税	商品の販売や貸付け、サービスの提供等	納税義務あり（課税売上高1,000万円以下の場合等を除く）	4/1-3/31

源泉所得税	給与、報酬等の支払い	源泉徴収義務あり	毎月
固定資産税及び都市計画税	土地や建物、有形償却資産等の所有	社会福祉事業の用に供する固定資産は原則非課税	1/1
不動産取得税	不動産の取得	社会福祉事業の用に供する不動産は原則非課税	随時
自動車税及び軽自動車税	自動車や軽自動車の所有	納税義務あり（一定の社会福祉事業等の用に供する車輌は減免）	4/1
自動車重量税	自動車の重量	納税義務あり	随時
事業所税	事業所面積、従業員人数	納税義務なし（収益事業により生じた所得には課税）	4/1-3/31
登録免許税	不動産の登記等	社会福祉事業の用に供する不動産登記は原則非課税	随時
印紙税	文書の作成	納税義務あり	随時

Q 56 法人税が課される場合を教えてください

A 法人税法の収益事業を行っている場合に課税されます。

① 法人税が課される場合とは

　社会福祉法人は法人税法上の公益法人等に該当するため、法人税法上の収益事業から生じた所得以外には課税されません。したがって、法人税法上の収益事業を行っている場合にのみ法人税を納めることとなります。なお、社会福祉法人の法人税率は株式会社などの普通法人に比べて低く定められており、また、みなし寄附金という所得の負担を軽減することができる優遇措置も用意されています。

② 法人税の納税義務

　法人税とは、法人の各事業年度の所得に課される税金です。内国法人は法人税を納める義務がありますが、公益法人等[※1]や人格のない社団等については収益事業を行う場合に限られています（法人税法第4条）。なお、社会福祉法人が収益事業を行うこととなった場合には、収益事業を開始した日から2月以内に納税地の所轄税務署長に「収益事業開始届出書」を提出しなければなりません。

※1　公益法人等とは公益を目的とする法人で、法人税法別表第2に掲げる宗教法人、学校法人、社会福祉法人、公益社団法人、公益財団法人、社会医療法人等をいいます。

❸ 収益事業の範囲

　収益事業とは、継続して事業場を設けて行われる事業で法令に定められた34事業をいいます（法人税法第2条、法人税法施行令第5条）。収益事業として挙げられている34事業は次の表のとおりですが、その中には社会福祉事業等を除外する規定があります。

　なお、社会福祉法人会計基準の会計区分である社会福祉事業、公益事業、収益事業と法人税法上の収益事業はその範囲が異なっており、社会福祉事業や公益事業であっても法人税法上の収益事業に該当する場合には法人税が課税されます。

事業名	内容	除外規定
物品販売業	物品の販売を行う卸売業や小売業、社会福祉法人では特定福祉用具販売等	
不動産販売業	土地や建物の売買等	
金銭貸付業	金銭の貸付け等	
物品貸付業	物品の貸付け、社会福祉法人では福祉用具貸与等	
不動産貸付業	土地や建物の貸付け等	社会福祉法人が行う無料低額宿泊事業等を除く
製造業	原材料の加工による製造業等	
通信業	通信事業、放送事業等	
運送業	旅客や貨物の運送等	
倉庫業	物品の保管等を行う事業	
請負業	事務、調査、研究の委託を受ける事業、社会福祉法人では住宅改修等	国等から委託された事業で実費弁償によるものを除く
印刷業	製本、複写等を行う事業	

出版業	出版物の製作、販売等を行う事業	学術、慈善その他公益を目的とする法人が会報等をその会員に配布する事業を除く
写真業	写真の現像、印刷等を行う事業	
席貸業	席貸しを行う事業	社会福祉事業として行われる席貸業を除く
旅館業	旅館や下宿営業等を行う事業、社会福祉法人では有料老人ホーム等	
飲食店業	料理店、飲食店等	
周旋業	商行為以外の媒介を行う事業、不動産仲介業、職業紹介所等	
代理業	商行為の代理を行う事業、保険代理店、旅行代理店等	
仲立業	商行為の媒介を行う事業、商品売買の仲介等	
問屋業	出版取次業、広告代理店業等	
鉱業	鉱物の採掘等	
土石採取業	土石の採取等	
浴場業	入浴サービスの提供等	
理容業	理容サービスの提供等	
美容業	美容サービスの提供等	
興行業	映画、演劇等の興行を行う事業等	催物の純益が社会福祉等に支出され、関係者が報酬を受けない慈善興行で税務署長の確認を受けたものを除く
遊技所業	野球場、テニスコート等の遊技場を利用させる事業	

遊覧所業	展望台、遊園地で観覧等を行う事業	
医療保健業	医療、歯科技工、獣医業、社会福祉法人では介護サービス事業や障害福祉サービス等	社会福祉法人が行う医療保健業を除く
技芸教授業	洋裁、着物着付けの習得に関する教授等	
駐車場業	駐車場の経営等	
信用保証業	信用保証を行う事業等	
無体財産権の提供業	特許権、著作権の譲渡等	国又は地方公共団体に対して行われる無体財産権の提供等を除く
労働者派遣業	労働者の派遣を行う事業等	

　上記の34事業に該当する場合であっても、次の事業は収益事業から除かれます（法人税法施行令第5条第2項）。

①　身体障害者等^(※2)がその事業に従事する者の1／2以上を占めており、その者の生活の保護に寄与している事業

②　母子・父子福祉団体が行う貸付金の貸付けに係る事業、公共的施設内において売店等の設置を行う事業

※2　身体障害者手帳の交付を受けている身体障害者、生活保護の生活扶助を受ける者、療育手帳等の交付を受けている知的障害者、精神障害者保健福祉手帳の交付を受けている者、65歳以上の者、母子寡婦をいいます。

❹ 事業年度

　法人税の所得計算を行う期間である事業年度は、社会福祉法人の場合には設立や解散した事業年度を除き会計年度と同じ4月1日から翌年3月31日となっています。

❺ 申告と納付期限

　法人税の確定申告書は原則として事業年度終了の日の翌日から２月以内に提出することとなっていますので、社会福祉法人の場合には翌事業年度５月31日が申告期限です（法人税法第74条）。ただし、災害その他やむを得ない理由等により、事業年度終了の日の翌日から２月以内に決算が確定しないと認められる場合には申告期限の延長を申請することができます。

　法人税では事業年度の中間点で中間申告書を提出し、納税を行わなければなりません。中間申告書は、事業年度開始の日以後６月を経過した日から２月以内に提出しなければなりませんので、社会福祉法人の場合には11月30日が申告期限です（法人税法第71条）。

　また、法人税の納付は、各申告書の提出期限までに行わなければなりません。したがって、社会福祉法人の法人税における確定申告の納付期限は翌事業年度５月31日までであり、中間申告の納付期限は11月30日までとなっています。

❻ 納税地

　法人税の納税地は、原則として法人の主たる事務所の所在地です。また、主たる事務所に異動があった場合には異動前の納税地の所轄税務署長に「異動届出書」を提出しなければなりません。

❼ 青色申告制度

　法人税では、一定の帳簿書類を備え付け、記録を行った場合には青色申告制度の適用を受けることができます。この制度に基づいて青色申告を行う法人は、所得金額の計算において一定の優遇措置を受けることができます。青色申告を行うためには、法定の帳簿書類を備え付けて取引

を記録・保存するとともに一定の期限までに税務署長に「青色申告の承認申請書」を提出し承認を受ける必要があります。「青色申告の承認申請書」の提出期限は次の日のいずれか早い日の前日までとなっています。

①　新たに収益事業を開始した日以後3月を経過した日

②　青色申告の適用を受けようとする事業年度終了の日

❽ 法人税の税率

　法人税の税率は法人の区分に応じて、次の表のとおりです。社会福祉法人は普通法人に比べて税率が低くなっています。

区分		税率
普通法人（資本金1億円以下の法人等）	所得金額年800万円以下の部分	15%
	所得金額年800万円超の部分	23.2%
社会福祉法人	所得金額年800万円以下の部分	15%
	所得金額年800万円超の部分	19%

❾ 法人税の計算

　社会福祉法人の法人税は収益事業から生じた所得にのみ課税されるため、収益事業から生じた所得に関する経理と非収益事業から生じた所得に関する経理を区分しなければなりません（法人税法施行令第6条）。通常、社会福祉法人では事業区分、拠点区分、サービス区分別に経理をおこなっていますので、法人税法上の収益事業に該当する区分を集計することとなります。

　法人税は各事業年度の所得金額に法人税率を乗じて計算します。法人税の所得金額は、益金の額から損金の額を控除した金額です。これは、社会福祉法人会計上の当期活動増減差額に相当するものですが、これらの金額には差異が生じます。なぜなら、社会福祉法人会計上の当期活動

増減差額が社会福祉法人の財務状況を明らかにするものであるのに対して、法人税法上の所得金額は法人税を公平に課税するため調整等が加えられるものであるからです。

　したがって、社会福祉法人会計上の当期活動増減差額に法人税法上の定めによる調整を加えたものが法人税法上の所得金額となります。

法人税法　　　　　所得金額＝益金の額－損金の額

　　　　　　　　　　　　　　≠

社会福祉法人会計　当期活動増減差額＝収益の額－費用の額

❿ みなし寄附金

　社会福祉法人の収益事業で獲得した資金は社会福祉事業へ充当することが目的であるため、税制上の優遇措置としてみなし寄附金の制度が設けられています。

　社会福祉法人がその収益事業に属する資産のうちからその収益事業以外の事業のために支出した金額は、その収益事業に係る寄附金の額とみなされます。この場合、次の金額のうち、いずれか大きい金額まで寄附金の損金算入が認められます（法人税法第37条、法人税法施行令第73条）。

①　申告事業年度における収益事業の所得金額×50/100

②　2,000,000円×当事業年度の月数/12月

Q57 消費税が課される場合を教えてください

A 2年度前の課税売上高が1,000万円を超えた場合等に課税されます。

❶ 消費税が課される場合とは

消費税は国内の消費に対して広く課税する税金で、消費者が負担し事業者が納付します。商品の販売等を行った事業者は原則として消費税の申告と納付を行う必要がありますが、小規模事業者の事務負担に配慮して課税される売上金額が小さい場合には消費税の納税義務が免除されます。

したがって、社会福祉法人では納税義務の免除の適用を受ける場合を除き、消費税を納める必要があります。また、社会福祉法人は補助金や寄附金等の消費税の対象とならない取引が多いため、課税の公平性から一定の場合には申告にあたって特例計算を行う必要があります。

❷ 消費税の仕組み

消費税は生産、流通、販売といった取引のつどに課税され、最終的には消費者が負担する仕組みとなっています。この場合、単に各取引に課税すると取引数に比例して、消費税が累積してしまうこととなります。そこで消費税の累積を排除するため、事業者は受け取った消費税から支払った消費税を差し引いた差額について申告し、納付します。

このような仕組みにより最終的に消費者が負担する消費税を、取引の各段階で事業者が納付したこととなります。

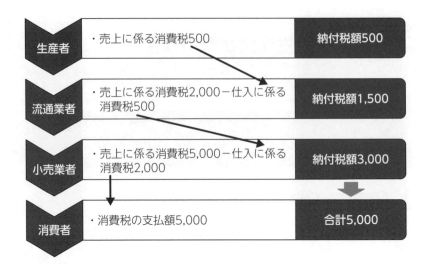

❸ 消費税の課税の対象

　消費税が課税される取引には国内取引と輸入取引があります。国内取引は事業者が申告と納付を行いますが、輸入取引は原則として税関により消費税が計算されることとなっています。

　国内取引は次の区分に分けられ、課税取引に消費税が課されます。また、課税取引以外の金額についても消費税の計算で用いられますので、

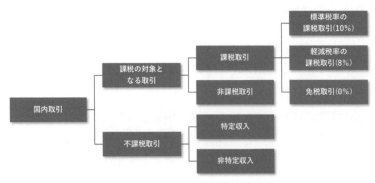

図：消費税における取引の区分

取引を区分することが必要となります。

　消費税において課税の対象となる取引は次の４つの要件を満たすものです。

① **国内において行わるものであること**…国内であるかどうかは、原則として取引を行った時におけるその場所で判定します。社会福祉法人は一定の条件のもとに海外事業を行うことができますが、そのような場合において海外で行う取引は一定の場合を除き、消費税の課税の対象となりません。

② **事業者が事業として行うものであること**…事業者とは個人事業者と法人をいいますので、社会福祉法人も事業者にあたります。なお、雇用契約に基づき職員が行った労務の提供は事業者が行うものではないため、給料は消費税の課税の対象となっていません。

③ **対価を得て行うものであること**…贈与や無償取引、寄附金、補助金は、一般的に対価を求めて行われるものではないため課税の対象となりません。ただし、法人が役員に資産を贈与した場合にはみなし譲渡の規定により課税されますので注意が必要です（消費税法第４条第５項）。

④ **資産の譲渡や貸付け、役務の提供であること**…資産の売買や交換、賃貸借、サービスの提供等をいい、社会福祉法人で行われるほとんど全ての取引を含みます。

　社会福祉法人では行政から補助金や受託金を受け取ることがありますが、上記の要件に照らすと補助金は③を満たさないため不課税取引であり、受託金は全ての要件を満たすため課税の対象となります。

　一方で課税の対象となる要件を満たす取引であっても、消費税の性格や社会政策的な配慮から非課税としている取引があります。また、課税取引のうち一定の要件を満たす輸出取引は免税となり、消費税が免除されます。

❹ 非課税取引

　課税の対象となる取引のうちには、税としての性格から課税すること
になじまないものや、社会政策的な配慮から課税しないこととされた取
引（非課税取引）があります。消費税は広く課税するための税金である
ため、非課税取引となるものは限られています。具体的には消費税法別
表第一に掲げられた次の13項目が挙げられます。なお、社会福祉法人
が行う事業は社会政策的な配慮により非課税取引に該当するものが多く
あります。

税の性格から課税することになじまないもの

①土地の譲渡、土地の貸付け

②有価証券、支払手段等の譲渡

③利子を対価とする金銭の貸付け等

④郵便切手、印紙、物品切手（商品券、プリペイドカード等）の譲渡

⑤行政サービスの手数料、外国為替

社会政策的な配慮により課税しないもの

⑥社会保険医療等

⑦介護保険法に基づく居宅サービス、社会福祉事業

⑧助産

⑨埋葬料、火葬料

⑩身体障害者用物品の譲渡等

⑪学校教育に関する授業料、入学検定料等

⑫教科用図書の譲渡

⑬住宅の貸付け

❺ 消費税の納税義務

　消費税は国内において課税取引を行った場合には納税義務があります
が、小規模事業者の事務負担に配慮して２年度前の課税売上高が1,000
万円以下の場合には免税事業者となり納税義務が免除されます。ただし、
２年度前の課税売上高が1,000万円以下であっても一定の場合には納税
義務が免除されません。社会福祉法人では次のような場合が該当します。
① 　課税事業者選択届出書を税務署に提出した場合
② 　前年半年（４～９月）の課税売上高が1,000万円を超える場合
③ 　合併により課税売上高が一定の場合
④ 　高額特定資産（1,000万円超の固定資産等）を取得した場合

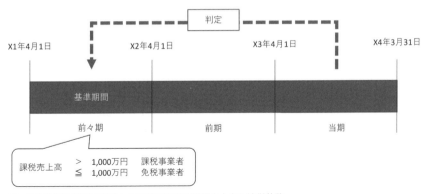

図：納税義務の判定の対象となる基準期間の課税売上高と納税義務

❻ 申告と納付期限

　消費税の確定申告と納付は翌年度５月31日までに行います。社会福
祉法人では定時評議員会における計算書類等の承認は６月末までとされ
ていますが、消費税の申告にあたっては定時評議員会の承認を必要とし
ていません[※1]。

また、中間申告は確定申告を行った消費税額に応じて年０回、１回、３回、11回となっています。

※１　社会福祉法人制度改革に伴う消費税の申告に関するQ&Aについて（平成29年３月29日厚生労働省通知）

❼ 消費税の税率

　消費税の税率は次のようになっています。軽減税率の対象となる品目は①飲食料品と②一定の定期購読契約の新聞です。

	消費税	地方消費税	合計
標準税率	7.8%	2.2%	10%
軽減税率	6.24%	1.76%	8%

❽ 消費税の計算

　消費税の原則的な計算方法は次のとおりです。消費税の計算は売上の際に預かった消費税から仕入れ等により支払った消費税等を控除して計算します。このとき、支払った消費税として控除できるのは課税売上（預かった消費税）に対応したもののみであり、非課税売上に対応する仕入れ等の消費税は控除することができません。そのため、非課税売上の割合が大きい場合又は課税売上高が一定金額以上の場合には、支払った消費税には課税売上割合[※2]を乗じて計算する必要があります。

※２　課税売上割合…課税売上・非課税売上・免税売上のうちに課税売上・免税売上の占める割合をいいます。

❾ 簡易課税制度

消費税の原則的な計算は、売上と仕入れ等の取引について課税取引・非課税取引・免税取引別に区分する必要があります。そのため、中小事業者の事務負担に配慮して、売上の区分のみで消費税が計算できるよう簡易課税制度が設けられています。簡易課税制度の適用を受けることができるのは、①2年度前の課税売上高が5,000万円以下であり、②消費税簡易課税制度選択届出書を前年度3月31日までに税務署長に提出している場合です。

簡易課税制度を適用した場合には、次の計算式で消費税の計算を簡便的に行います。みなし仕入率は事業区分別に40~90%までその割合が定められています。

❿ 国、地方公共団体等の特例

社会福祉法人の消費税の計算においては、補助金や寄附金等の対価性を有しない収入が多くあります。そのような収入は消費税の課税の対象とされていませんので、それに対応する仕入れ等の消費税額は控除できないよう調整が必要となります。具体的には特定収入[※3] が5%以上の場合には、簡易課税制度の適用を受ける場合を除き特例計算を行う必要があります。

※3 特定収入…課税の対象とならない収入等で補助金、寄附金、保険金等をいいます。

Q58 源泉所得税が課される場合を教えてください

A 給与等を支払いした場合には、源泉所得税の納税を行います。

❶ 源泉所得税とは

　所得税の源泉徴収制度とは、個人の所得に課される所得税を給与等の支払いをする者が給与等から徴収し、国に納付する制度をいいます。社会福祉法人においても個人に対して①給与等、②退職手当等、③報酬料金等の支払いを行った場合には源泉徴収を行う必要があります。

①　**給与等**…給料、賃金、賞与、その他これらの性質を有する給与をいいます。なお、理事や監事、評議員に対する報酬も給与等に含まれます。

②　**退職手当等**…退職手当をいいます。なお、独立行政法人福祉医療機構の退職手当共済事業については、独立行政法人福祉医療機構において源泉徴収が行われるため社会福祉法人で源泉徴収を行う必要はありません。

③　**報酬料金等**…報酬・料金、契約金、賞金等をいいます。

❷ 源泉徴収税額の計算方法

　源泉徴収は所得税と復興特別所得税を併せて徴収します。源泉徴収税額は所得の種類に応じて次のように計算します。

所得の区分	税率	控除等
給与所得	給与所得の源泉徴収税額表	申告書提出で扶養控除等
退職所得	退職所得の源泉徴収税額の速算表又は20.42%	申告書提出で退職所得控除
報酬料金等	10.21%又は20.42%	一定金額を控除

❸ 年末調整

　年末調整とは、給与所得について源泉徴収した税額とその年分の支給総額に対する年税額との調整をいいます。年末調整は給与の支払者が退職者等を除く全ての給与所得者に対して行います。

Q59 固定資産税が課される場合を教えてください

A 非課税とされる固定資産以外の固定資産には課税されます。

❶ 固定資産税が課される場合とは

　固定資産税は土地や家屋、償却資産[※1]を所有する場合に市町村や都により課される税金です。社会福祉法人が行う事業のうち、一定の事業の用に供する固定資産は非課税とされています。したがって、社会福祉法人であっても非課税以外の固定資産を有する場合には固定資産税が課されます。

※1　償却資産…自動車以外の有形固定資産等で減価償却を行うもの

❷ 社会福祉法人において非課税とされるもの

　社会福祉法人において申告により固定資産税が非課税とされる固定資産には次のようなものがあります。

法律	内容
生活保護法	保護施設の用に供する固定資産
児童福祉法	小規模保育事業の用に供する固定資産
児童福祉法	児童福祉施設の用に供する固定資産
認定こども園法[※2]	認定こども園の用に供する固定資産
老人福祉法	老人福祉施設の用に供する固定資産
障害者総合支援法[※3]	障害者支援施設の用に供する固定資産
社会福祉法	社会福祉事業（認定生活困窮者就労訓練事業を除く。）の用に供する固定資産

介護保険法	包括的支援事業（地域包括支援センター等）の委託を受けた者が当該事業の用に供する固定資産
児童福祉法	事業所内保育事業の認可を得た者が当該事業の用に供する固定資産

※2 認定こども園法…就学前の子どもに関する教育、保育等の総合的な提供の推進に関する法律
※3 障害者総合支援法…障害者の日常生活及び社会生活を総合的に支援するための法律

❸ 固定資産税の課税

　固定資産税は原則として市町村や都により賦課期日（1月1日）の固定資産の所有者に対して課税されます。土地と家屋は土地登記簿・建物登記簿の情報をもとに課税され、償却資産は償却資産の所有者が1月31日までに申告を行うことにより課税されます。固定資産税は賦課課税方式が採用されており、市町村や都が税額を決定します。

A 個人が社会福祉法人に土地等の寄附を行った場合、一定の要件を満たすことにより所得税が非課税となります。

1 租税特別措置法第40条とは

　個人が土地等の財産を法人に寄附した場合、寄附を行った時の時価により譲渡があったものとされ、取得時から寄附時までの値上がり益に対してその個人に所得税が課税されます（所得税法第59条）。

　租税特別措置法第40条は個人から社会福祉法人への財産の寄附で生じる譲渡所得について、一定の要件を満たす場合に所得税が非課税となる規定です。

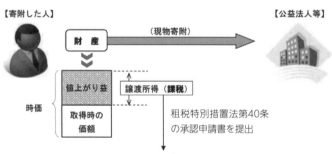

国税庁「「租税特別措置法第40条の規定による承認申請書」の記載のしかた」より引用

❷ 租税特別措置法第40条の適用を受けるには

　租税特別措置法第40条の適用を受けるためには、一般特例として次の要件を満たし、寄附を行う者が国税庁長官の承認を受ける必要があります。

① 寄附が社会福祉への貢献その他公益の増進に著しく寄与すること

② 寄附財産が、寄附があった日から2年以内に公益目的事業の用に直接供されるか、供される見込みであること

③ 寄附をすることにより、寄附をした者の所得税や寄附をした者の親族等の相続税、贈与税の負担を不当に減少させる結果とならないと認められること

　なお、社会福祉法人においては厚生労働省通知^(※1)のとおり租税特別措置法第40条の適用要件を満たす定款であること等が必要です。

　また、寄附を行う者が社会福祉法人の役員や親族等でないこと、基本金の繰入が必要なこと等一定の要件を満たす場合には適用要件が緩和された承認特例を受けることができます。

※1　租税特別措置法施行令（昭和32年政令第43号）第25条の17第6項第1号の要件を満たす社会福祉法人の定款の例について（平成29年3月29日厚生労働省通知）

❸ 租税特別措置法第40条の適用が取り消される場合

　次のような場合には、租税特別措置法第40条の適用が取り消され寄附を行った者や寄附を受けた社会福祉法人に所得税が課税されることとなります。

① 寄附財産が、寄附があった日から2年以内に公益目的事業の用に直接供されなかった場合

② 寄附財産が、寄附を受けた社会福祉法人の公益目的事業の用に直接

供されなくなった場合

　また、その寄附によりその寄附をした人の親族等の相続税や贈与税の負担が不当に減少する結果となると認められるときは、寄附を受けた社会福祉法人に対して相続税や贈与税が課税されることになります。

Q61 その他に税金が課される場合を教えてください

A 社会福祉法人も非課税とされる規定がある税目を除き、納税の義務があります。

❶ 地方法人税

地方法人税は国税であり、地方交付税の財源を確保するための税金です。地方法人税の納税義務は法人税の納税義務と同様であり、税額の計算も法人税額に基づいて行われます（地方法人税法第4条、第5条）。地方法人税の申告と納付の期限は5月31日までとなっています。

❷ 法人住民税

法人住民税には、市町村が課す市町村民税と都道府県が課す道府県民税・都民税があります。法人住民税は①均等割と②法人税割により計算され、社会福祉法人は収益事業を行っている場合に課税されます（地方税法第25条）。法人住民税の申告と納付の期限は5月31日までとなっています。

① **均等割**…資本金等や従業員数に応じて課税される税額（均等額）
② **法人税割**…法人税額に基づいて課税される税額

❸ 法人事業税

法人事業税は都道府県により課される税金で、①付加価値割、②資本割、③所得割、④収入割により計算されます。社会福祉法人については収益事業から生じた所得にのみ課税されることとなっています（地方税

法第72条の５)。法人事業税の申告と納付の期限は５月31日までとなっています。

① **付加価値割**…付加価値額により課される税額
② **資本割**…資本金等の額により課される税額
③ **所得割**…所得に課される税額
④ **収入割**…収入金額に課される税額

❹ 地方消費税

　地方消費税は都道府県により課される税金ですが、消費税とともに計算されます。地方消費税を納める義務がある者は消費税と同様です（地方税法第72条の78）。地方消費税の申告と納付の期限は５月31日までとなっています。

❺ 都市計画税

　都市計画税は市町村や都が都市計画区域内の一定の土地と家屋に対して課す税金です。都市計画税の課税は固定資産税と同様に行われ、社会福祉法人が行う一定の事業の用に供する場合には非課税となります（地方税法第702条の２）。

❻ 不動産取得税

　不動産取得税は土地や家屋の取得の際に都道府県から課税されます。不動産の取得者が不動産取得税を納める必要がありますが、社会福祉法人は次のような場合には非課税とされています（地方税法第73条の４）。また、居宅訪問型保育の用に供する不動産等については、不動産取得税の計算上一定金額が控除されます。

法律	内容
生活保護法	保護施設の用に供する不動産
児童福祉法	小規模保育事業の用に供する不動産
児童福祉法	児童福祉施設の用に供する不動産
認定こども園法^(※1)	認定こども園の用に供する不動産
老人福祉法	老人福祉施設の用に供する不動産
障害者総合支援法^(※2)	障害者支援施設の用に供する不動産
社会福祉法	社会福祉事業（認定生活困窮者就労訓練事業を除く。）の用に供する不動産
介護保険法	包括的支援事業（地域包括支援センター等）の委託を受けた者が当該事業の用に供する不動産
児童福祉法	事業所内保育事業の認可を得た者が当該事業の用に供する不動産

※1　認定こども園法…就学前の子どもに関する教育、保育等の総合的な提供の推進に関する法律
※2　障害者総合支援法…障害者の日常生活及び社会生活を総合的に支援するための法律

❼ 自動車税及び軽自動車税

　自動車税^(※3)は都道府県により課税され、軽自動車税は市町村により課税されます。自動車税及び軽自動車税は取得した際に①環境性能割が課され、所有により②種別割が課されます。自動車税及び軽自動車税については条例により減免できることとされているため、地方自治体ごとに社会福祉法人に対する減免等が定められています（地方税法第167条、第177条の17、第461条、第463条の23）。東京都の場合には、社会福祉施設、障害福祉サービス事業等に用に供する自動車については自動車税種別割の全額が免除されます。

①環境性能割…自動車の環境性能に応じて課される税額

②種別割…自動車の種別に応じて課される税額

※3　令和元年度税制改正により、令和元年10月より自動車取得税が廃止され、自動車税環境性能

割が導入されました。また、自動車税は自動車税種別割に軽自動車税は軽自動車税種別割に改正されました。

❽ 自動車重量税

　自動車重量税は国税となっており、自動車の重量に応じて課税されます。社会福祉法人においても自動車を取得した場合と自動車検査を行う場合に納税する必要があります（自動車重量税法第3条）。

❾ 事業所税

　事業所税は一定規模以上の市町村や都にのみ課される税金で、都市環境の整備等の費用にあてられます。対象となる指定都市等には、東京都（特別区部）、横浜市、大阪市、名古屋市、札幌市等があります。事業所税は事業所床面積や従業員給与総額等をもとに計算されます。社会福祉法人は収益事業を行っている場合にのみ課税されます（地方税法第701条の34）。

❿ 登録免許税

　登録免許税は、登録免許税法別表第一に掲げられた不動産や株式会社の登記等に対して課される国税です。登録免許税法別表第一に定められた登記のうち、社会福祉法人が行う次の登記は非課税とされています（登録免許税法第4条）。なお、社会福祉法人の設立登記等は登録免許税法別表第一に記載されていませんので、課税の対象となっていません。

内容
社会福祉事業の用に供する建物の所有権又は土地の権利の取得登記
幼稚園の校舎等の所有権又は土地の権利の取得登記
保育所、家庭的保育事業等の用に供する建物の所有権又は土地の権利の取得登記

認定こども園の用に供する建物の所有権又は土地の権利の取得登記

⑪ 印紙税

　印紙税は、印紙税法別表第一に掲げられた文書を作成する場合に課税されます。なお、社会福祉法人が作成する文書のうち次のものは非課税とされています（印紙税法別表第3）。

内容	作成者
生計困難者に対して無利子又は低利で資金を融通する事業（第一種社会福祉事業）による貸付金に関する文書	資金を融通する者又は当該資金の融通を受ける者

演習問題解答

〈計算書類の関係性〉

①当期末支払資金残高の確認

資金収支計算書

項目	金額
当期末支払資金残高	180,000,000

貸借対照表

項目	金額
⑦流動資産	191,000,000
⑦流動負債	43,000,000
⑦1年基準固定負債振替額	32,000,000
⑦当期末支払資金残高 ⑦-(⑦-⑦)	180,000,000

②次期繰越活動増減差額の残高

事業活動計算書

項目	金額
次期繰越活動増減差額	222,000,000

貸借対照表

項目	金額
次期繰越活動増減差額	222,000,000

　計算書類が正しく作成されていれば、当期末支払資金残高と次期繰越活動増減差額の数値は一致します。詳しくは「**Q17　資金収支計算書、事業活動計算書と貸借対照表の関係を教えてください**」を参照してください。

〈有価証券〉

X1年4月1日国債購入時

	借方		貸方	
	投資有価証券 （その他の財産）	1,450,000	現金預金	1,450,000
資金 仕訳	投資有価証券取得 支出	1,450,000	支払資金	1,450,000

X2年3月31日決算整理事項

	借方		貸方	
	投資有価証券 （その他の財産）	5,000	受取利息配当金 収益	5,000
資金 仕訳	なし			

額面金額1,500,000－購入金額1,450,000＝50,000
50,000÷満期までの年数10年＝5,000

　国債の額面と購入金額の差額は金利の調整と認められますので、決算整理事項において額面と購入金額の差額を満期までの年数で除した額を、毎期受取配当金収益として計上します。満期時においてこの投資有価証券の貸借対照表価額は1,500,000円となります。

　有価証券の会計処理については「**Q20　有価証券はどのように処理したら良いですか**」を参照してください。

〈棚卸資産の計上〉

X2年3月25日切手購入時

	借方		貸方	
	貯蔵品	100,000	現金預金	100,000
資金仕訳	なし			

　購入時において当期に使用しないことが明らかであるため、貯蔵品として資産に計上します。翌年度の印紙使用時に貯蔵品を費用に振り替えます。

〈減価償却〉

X2年2月1日車輌購入時

	借方		貸方	
	車輌運搬具	3,000,000	現金預金	3,000,000
資金仕訳	車輌運搬具取得支出	3,000,000	支払資金	3,000,000

X2年3月31日決算整理事項

	借方		貸方	
	減価償却費	100,000	車輌運搬具	100,000
資金仕訳	なし			

取得価額3,000,000÷5年×$\dfrac{2月}{12月}$＝100,000

〈リース取引〉

X2年2月1日リース取引開始時

	借方		貸方	
	有形リース資産	4,320,000	リース債務	4,320,000
資金仕訳	なし			

　リース資産総額に重要性が乏しいと認められるため、リース料総額から利息相当額の合理的な見積額を控除しない方法では、リース料総額を有形リース資産及びリース債務として計上します。

X2年2月28日リース料支払時

	借方		貸方	
	リース債務	60,000	現金預金	60,000
資金仕訳	ファイナンス・リース債務の返済支出	60,000	支払資金	60,000

X2年3月31日リース料支払時

	借方		貸方	
	リース債務	60,000	現金預金	60,000
資金仕訳	ファイナンス・リース債務の返済支出	60,000	支払資金	60,000

Ｘ２年３月31日決算整理事項（減価償却費計上）

	借方		貸方	
	減価償却費	120,000	有形リース資産	120,000
資金仕訳	なし			

有形リース資産4,320,000×2月/リース期間72月=120,000

　リース資産の減価償却費の計算はリース期間定額法で行います。リース期間定額法とはリース期間を耐用年数とし、残存価額を０円とする定額法です。

Ｘ２年３月31日決算整理事項（１年基準振替）

	借方		貸方	
	リース債務	720,000	１年以内返済予定リース債務	720,000
資金仕訳	なし			

リース支払額60,000×12月=720,000

　リース債務のうち１年以内に支払うリース料を流動負債の１年以内返済予定リース債務に振り替えます。

〈徴収不能引当金〉

X2年3月31日決算整理事項

	借方		貸方	
	徴収不能引当金繰入	50,000	徴収不能引当金	50,000
資金仕訳	なし			

事業未収金10,000,000×貸倒実績率1%＝100,000
徴収不能引当金100,000−前期繰越額50,000＝50,000

　未収金のうち、貸し倒れのおそれのない未収補助金を除いた事業未収金について、貸倒引当金を計上します。したがって、事業未収金の金額に貸倒実績率を乗じた金額が当期の徴収不能引当金の金額です。また、前期からの繰越額がありますので差額の50,000円を徴収不能引当金に繰り入れます。

〈賞与引当金〉

X2年3月31日決算整理事項

	借方		貸方	
	賞与引当金繰入	4,000,000	賞与引当金	4,000,000
資金仕訳	なし			

(5,000,000＋1,000,000)×4月/6月＝4,000,000

　6月賞与の支給見込額に会社負担分の社会保険料見込額を加算した金額のうち、当期に帰属する12月から3月分の金額を賞与引当金に計上します。

〈退職給付引当金〉

Ｘ１年５月10日掛金振込時

	借方		貸方	
	退職給付費用	534,000	現金預金	534,000
資金仕訳	退職給付支出	534,000	支払資金	534,000

Ｘ１年９月30日職員退職時

	借方		貸方	
	なし			
資金仕訳	なし			

Ｘ２年３月31日決算整理事項

	借方		貸方	
	なし			
資金仕訳	なし			

　独立行政法人福祉医療機構の社会福祉施設職員等退職手当共済制度は掛金の振込時に退職給付費用として計上します。したがって、職員が退職した時及び決算整理事項は必要なく、貸借対照表に退職給付引当金は計上されません。

〈基本金組入〉

X1年4月1日寄附受入時

	借方		貸方	
	現金預金	10,000,000	施設整備等寄附金収益	10,000,000
	基本金組入額	10,000,000	基本金	10,000,000
資金仕訳	支払資金	10,000,000	施設整備等寄附金収入	10,000,000

・第1号基本金

　この寄附は設立並びに施設の創設及び増築等のために基本財産等を取得すべきものとして指定されたものであるため第1号基本金に該当します。したがって、寄附金を計上するとともに、基本金への組み入れを行います。

〈減価償却と国庫補助金等特別積立金〉

X1年10月1日建物取得時

	借方		貸方	
	建物（基本財産）	60,000,000	現金預金	60,000,000
資金仕訳	建物取得支出	60,000,000	支払資金	60,000,000

X1年10月10日補助金受領時

	借方		貸方	
	現金預金	5,000,000	施設整備等補助金収益	5,000,000
資金仕訳	支払資金	5,000,000	施設整備等補助金収入	5,000,000

X1年10月10日国庫補助金等特別積立金計上

	借方		貸方	
	国庫補助金等特別積立金積立額	5,000,000	国庫補助金等特別積立金	5,000,000
資金仕訳	なし			

　固定資産の取得に充てられることを目的とした地方公共団体からの補助金であるため、国庫補助金等特別積立金を積み立てます。

X2年3月31日決算整理事項（減価償却費計上）

	借方		貸方	
	減価償却費	600,000	建物（基本財産）	600,000
資金仕訳	なし			

建物60,000,000×償却率0.02×6月/12月＝600,000

　減価償却費の計算は建物の取得価額に定額法償却率を乗じて行います。なお、この建物はX1年10月1日に取得しているため、当期の減価償却費は6か月分を計上します。

X2年3月31日決算整理事項（国庫補助金等特別積立金取崩）

	借方		貸方	
	国庫補助金等特別積立金	50,000	国庫補助金等特別積立金取崩額	50,000
資金仕訳	なし			

補助金5,000,000×$\dfrac{\text{当期減価償却費}600,000}{\text{取得価額}60,000,000}$＝50,000

　減価償却費の計上と合わせて、国庫補助金等特別積立金の取崩を行います。国庫補助金等特別積立金の金額に減価償却に応じた割合を乗じて、計算します。

〈積立金①〉

X1年6月10日積立金の積み立て

	借方		貸方	
	建物取得積立金積立額	20,000,000	建物取得積立金	20,000,000
	建物取得積立資産	20,000,000	預金現金	20,000,000
資金仕訳	建物取得積立資産支出	20,000,000	支払資金	20,000,000

　将来の建物を取得するために積立金を積み立てますので、積立ての目的を示す名称を付し、同額の積立資産を積み立てます。

〈積立金②〉

X3年4月10日積立金の取り崩し

	借方		貸方	
	建物取得積立金	20,000,000	建物取得積立金取崩額	20,000,000
	現金預金	20,000,000	建物取得積立資産	20,000,000
	建物（基本財産）	20,000,000	現金預金	20,000,000
資金仕訳	支払資金	20,000,000	建物取得積立資産取崩収入	20,000,000
資金仕訳	建物取得支出	20,000,000	支払資金	20,000,000

　積立金に対応する積立資産を取崩すため、当該積立金を同額取崩します。

246

〈計算書類の内部取引消去〉

①事業区分貸借対照表内訳表

事業区分貸借対照表内訳表では、拠点区分間取引について、内部取引消去欄で内部取引消去を行います。一方、事業区分間取引については、内部取引消去を行いません。

社会福祉事業区分 貸借対照表内訳表
X2年3月31日現在

勘定科目	A拠点	B拠点	合計	内部取引消去	事業区分計
流動資産	10,000,000	3,000,000	13,000,000	−3,000,000	10,000,000
現金預金	5,000,000	3,000,000	8,000,000	0	8,000,000
事業区分間貸付金	2,000,000	0	2,000,000	0	2,000,000
拠点区分間貸付金	3,000,000	0	3,000,000	−3,000,000	0
資産の部合計	10,000,000	3,000,000	13,000,000	−3,000,000	10,000,000
流動負債	0	3,000,000	3,000,000	−3,000,000	0
事業区分間借入金	0	0	0	0	0
拠点区分間借入金	0	3,000,000	3,000,000	−3,000,000	0
負債の部合計	0	3,000,000	3,000,000	−3,000,000	0
次期繰越活動増減差額	10,000,000	0	10,000,000	0	10,000,000
純資産の部合計	10,000,000	0	10,000,000	0	10,000,000
負債及び純資産の部合計	10,000,000	3,000,000	13,000,000	−3,000,000	10,000,000

公益事業区分 貸借対照表内訳表
X2年3月31日現在

勘定科目	C拠点	合計	内部取引消去	事業区分計
流動資産	4,000,000	4,000,000	0	4,000,000
現金預金	4,000,000	4,000,000	0	4,000,000
事業区分間貸付金	0	0	0	0
拠点区分間貸付金	0	0	0	0

資産の部合計	4,000,000	4,000,000		0	4,000,000
流動負債	2,000,000	2,000,000		0	2,000,000
事業区分間借入金 拠点区分間借入金	2,000,000 0	2,000,000 0		0 0	2,000,000 0
負債の部合計	2,000,000	2,000,000		0	2,000,000
次期繰越活動増減差額	2,000,000	2,000,000		0	2,000,000
純資産の部合計	2,000,000	2,000,000		0	2,000,000
負債及び純資産の部合計	4,000,000	4,000,000		0	4,000,000

②貸借対照表内訳表

　貸借対照表内訳表では、事業区分間取引について、内部取引消去欄で内部取引消去を行います。拠点区分間取引については、①事業区分貸借対照表内訳表で内部取引消去済みですので表示を行いません。

貸借対照表内訳表
X2年3月31日現在

勘定科目	社会福祉事業	公益事業	合計	内部取引消去	法人合計
流動資産	10,000,000	4,000,000	14,000,000	−2,000,000	12,000,000
現金預金 事業区分間貸付金 拠点区分間貸付金	8,000,000 2,000,000 0	4,000,000 0 0	12,000,000 2,000,000 0	0 −2,000,000 0	12,000,000 0 0
資産の部合計	10,000,000	4,000,000	14,000,000	−2,000,000	12,000,000
流動負債	0	2,000,000	2,000,000	−2,000,000	0
事業区分間借入金 拠点区分間借入金	0 0	2,000,000 0	2,000,000 0	−2,000,000 0	0 0
負債の部合計	0	2,000,000	2,000,000	−2,000,000	0
次期繰越活動増減差額	10,000,000	2,000,000	12,000,000	0	12,000,000
純資産の部合計	10,000,000	2,000,000	12,000,000	0	12,000,000

負債及び純資産の部合計	10,000,000	4,000,000	14,000,000	-2,000,000	12,000,000

③法人単位貸借対照表

　法人単位貸借対照表では、全ての内部取引を相殺消去して表示しません。

法人単位貸借対照表
X2年3月31日現在

資産の部		負債の部	
流動資産	12,000,000	負債の部合計	0
現金預金 事業区分間貸付金 拠点区分間貸付金	12,000,000 0 0	事業区分間借入金 拠点区分間借入金	0 0
		純資産の部	
		次期繰越活動増減差額	12,000,000
		純資産の部合計	12,000,000
資産の部合計	12,000,000	負債及び純資産の部合計	12,000,000

〈1年基準〉

X2年2月1日借入時

	借方		貸方	
	現金預金	12,000,000	長期運営資金借入金	12,000,000
資金仕訳	支払資金	12,000,000	長期運営資金借入金収入	12,000,000

X2年3月15日借入金返済時

	借方		貸方	
	長期運営資金借入金	250,000	現金預金	250,000
資金仕訳	長期運営資金借入金元金償還支出	250,000	支払資金	250,000

X2年3月31日決算整理事項

	借方		貸方	
	長期運営資金借入金	3,000,000	1年以内返済予定長期運営資金借入金	3,000,000
資金仕訳	なし			

毎月返済額250,000×12月＝3,000,000

X２年４月15日借入金返済時

	借方		貸方	
	１年以内返済予定 長期運営資金借入金	250,000	現金預金	250,000
資金 仕訳	長期運営資金借入 金元金償還支出	250,000	支払資金	250,000

　借入金のうち、期末貸借対照表日の翌日（４月１日）から１年以内に
返済する金額については流動負債の勘定科目である１年以内返済予定長
期運営資金借入金に振り替えます。

〈計算書類の作成〉

法人単位資金収支計算書
（自）X1年4月1日（至）X2年3月31日

勘定科目			予算（A）	決算（B）	差異（A）−（B）	備考
事業活動による収支	収入	介護保険事業収入	354,000,000	360,000,000	−6,000,000	
		事業活動収入計（1）	354,000,000	360,000,000	−6,000,000	
	支出	人件費支出	221,000,000	220,000,000	1,000,000	
		事業費支出	58,000,000	56,000,000	2,000,000	
		事務費支出	42,000,000	41,000,000	1,000,000	
		支払利息支出	1,000,000	1,000,000	0	
		事業活動支出計（2）	322,000,000	318,000,000	4,000,000	
	事業活動資金収支差額 (3)＝(1)−(2)		32,000,000	42,000,000	−10,000,000	
施設整備等による収支	収入	施設整備等収入計（4）	0	0	0	
	支出	設備資金借入金元金償還支出	32,000,000	32,000,000	0	
		施設整備等支出計(5)	32,000,000	32,000,000	0	
	施設整備等資金収支差額(6)＝(4)−(5)		−32,000,000	−32,000,000	0	
その他の活動による収支	収入	その他の活動収入計（7）	0	0	0	
	支出	その他の活動支出計（8）	0	0	0	
	その他の活動資金収支差額（9）		0	0	0	
予備費支出（10）			0	0	0	
当期資金収支差額合計 (11)＝(3)＋(6)＋(9)−(10)			0	10,000,000	−10,000,000	
前期末支払資金残高（12）			170,000,000	170,000,000	0	

当期末支払資金残高 (11)＋(12)	170,000,000	180,000,000	−10,000,000	

法人単位事業活動計算書

（自）Ｘ１年４月１日（至）Ｘ２年３月31日

勘定科目			当年度決算(A)	前年度決算(B)	差異(A)－(B)
サービス活動増減の部	収益	介護保険事業収益	360,000,000	359,000,000	1,000,000
		サービス活動収益計 （1）	360,000,000	359,000,000	1,000,000
	費用	人件費	220,000,000	217,000,000	3,000,000
		事業費	56,000,000	57,000,000	−1,000,000
		事務費	41,000,000	41,000,000	0
		減価償却費	34,000,000	34,000,000	0
		サービス活動費用計 （2）	351,000,000	349,000,000	2,000,000
	サービス活動増減差額(3)＝(1)−(2)		9,000,000	10,000,000	−1,000,000
サービス活動外増減の部	収益	サービス活動外収益計（4）	0	0	0
	費用	支払利息	1,000,000	1,000,000	0
		サービス活動外費用計（5）	1,000,000	1,000,000	0
	サービス活動外増減差額(6)＝(4)−(5)		−1,000,000	−1,000,000	0
経常増減差額 （7）＝（3）＋（6）			8,000,000	9,000,000	−1,000,000
特別増減の部	収益	特別収益計 （8）	0	0	0
	費用	特別費用計 （9）	0	0	0
	特別増減差額(10)＝(8)−(9)		0	0	0
当期活動増減差額(11)＝(7)＋(10)			8,000,000	9,000,000	−1,000,000

繰越活動増減差額の部	前期繰越活動増減差額（12）	214,000,000	205,000,000	9,000,000
	当期末繰越活動増減差額 （13）＝（11）＋（12）	222,000,000	214,000,000	8,000,000
	基本金取崩額（14）	0	0	0
	その他の積立金取崩額（15）	0	0	0
	その他の積立金積立額（16）	0	0	0
	次期繰越活動増減差額 （17）＝（13）＋（14）＋（15）－（16）	222,000,000	214,000,000	8,000,000

法人単位貸借対照表
X2年3月31日現在

資産の部				負債の部			
	当年度末	前年度末	増減		当年度末	前年度末	増減
流動資産	191,000,000	180,000,000	11,000,000	流動負債	43,000,000	42,000,000	1,000,000
現金預金	139,000,000	130,000,000	9,000,000	事業未払金	11,000,000	10,000,000	1,000,000
事業未収金	52,000,000	50,000,000	2,000,000	1年以内返済予定設備資金借入金	32,000,000	32,000,000	0
固定資産	502,000,000	536,000,000	−34,000,000	固定負債	128,000,000	160,000,000	−32,000,000
基本財産	497,000,000	530,000,000	−33,000,000	設備資金借入金	128,000,000	160,000,000	−32,000,000
土地	130,000,000	130,000,000	0	負債の部合計	171,000,000	202,000,000	−31,000,000
建物	367,000,000	400,000,000	−33,000,000	純資産の部			
その他の固定資産	5,000,000	6,000,000	−1,000,000	基本金	300,000,000	300,000,000	0
器具及び備品	5,000,000	6,000,000	−1,000,000	次期繰越活動増減差額(うち当期活動増減差額)	222,000,000 (8,000,000)	214,000,000 (9,000,000)	8,000,000 (−1,000,000)
				純資産の部合計	522,000,000	514,000,000	8,000,000
資産の部合計	693,000,000	716,000,000	−23,000,000	負債及び純資産の部合計	693,000,000	716,000,000	−23,000,000

〈活用可能な財産の計算〉

活用可能な財産	
①資産	40,000,000
②負債	20,000,000
③基本金	10,000,000
④国庫補助金等特別積立金	5,000,000
活用可能な財産①－②－③－④	5,000,000

活用可能な財産は次の数式により計算します。

資産－負債－基本金－国庫補助金等特別積立金

〈社会福祉法に基づく事業に活用している不動産等の計算〉

社会福祉法に基づく事業に活用している不動産等	
①活用不動産等の貸借対照表価額の合計額	60,000,000
②対応基本金	30,000,000
③国庫補助金等特別積立金	15,000,000
④対応負債	10,000,000
社会福祉法に基づく事業に活用している不動産等①－②－③－④	5,000,000

活用不動産等の貸借対照表価額の合計額：土地10,000,000＋建物50,000,000=60,000,000

社会福祉法に基づく事業に活用している不動産等は次の数式により計算します。

活用不動産等の貸借対照表価額の合計額－対応基本金－国庫補助金等特別積立金－対応負債

〈社会福祉充実財産の計算①〉

①活用可能な財産	
（1）資産	650,000,000
（2）負債	30,000,000
（3）基本金	10,000,000
（4）国庫補助金等特別積立金	100,000,000
活用可能な財産（1）－（2）－（3）－（4）	510,000,000

②社会福祉法に基づく事業に活用している不動産等	
（1）活用不動産等の貸借対照表価額の合計額	191,000,000
（2）対応基本金	10,000,000
（3）国庫補助金等特別積立金	100,000,000
（4）対応負債	1,000,000
社会福祉法に基づく事業に活用している不動産等（1）－（2）－（3）－（4）	80,000,000

③再取得に必要な財産	
（1）将来の建替に必要な費用	150,000,000
（2）建替までの間の大規模修繕に必要な費用	40,000,000
（3）設備・車両等の更新に必要な費用	90,000,000
再取得に必要な財産（1）＋（2）＋（3）	280,000,000

④必要な運転資金	
年間事業活動支出の3月分	60,000,000

社会福祉充実財産	
①活用可能な財産	510,000,000
②社会福祉法に基づく事業に活用している不動産等	80,000,000
③再取得に必要な財産	280,000,000
④必要な運転資金	60,000,000
社会福祉充実財産　①－（②＋③＋④)	90,000,000

　この場合には、社会福祉充実財産が90,000,000円算出されましたので、社会福祉充実計画の策定が必要となります。

〈社会福祉充実財産の計算②〉

①活用可能な財産	
（1）資産	760,000,000
（2）負債	60,000,000
（3）基本金	90,000,000
（4）国庫補助金等特別積立金	400,000,000
活用可能な財産（1）－（2）－（3）－（4）	210,000,000

②社会福祉法に基づく事業に活用している不動産等	
（1）活用不動産等の貸借対照表価額の合計額	650,000,000
（2）対応基本金	90,000,000
（3）国庫補助金等特別積立金	400,000,000
（4）対応負債	30,000,000
社会福祉法に基づく事業に活用している不動産等（1）－（2）－（3）－（4）	130,000,000

③再取得に必要な財産	
（1）将来の建替に必要な費用	90,000,000
（2）建替までの間の大規模修繕に必要な費用	60,000,000
（3）設備・車両等の更新に必要な費用	75,000,000
再取得に必要な財産（1）＋（2）＋（3）	225,000,000

④必要な運転資金	
年間事業活動支出の3月分	70,000,000

社会福祉充実財産	
①活用可能な財産	210,000,000
②社会福祉法に基づく事業に活用している不動産等	130,000,000

③再取得に必要な財産	225,000,000
④必要な運転資金	70,000,000
社会福祉充実財産　①－（②＋③＋④）	△215,000,000

　この場合には、社会福祉充実財産が０円を下回っていますので、社会福祉充実計画の策定は必要ありません。

〈社会福祉充実財産の計算の特例〉

項目	原則	計算の特例
①活用可能な財産	120,000,000	120,000,000
②社会福祉法に基づく事業に活用している不動産等	50,000,000	50,000,000
③再取得に必要な財産	35,000,000	
④必要な運転資金	30,000,000	
⑤年間事業活動支出		120,000,000
社会福祉充実財産	5,000,000	△50,000,000

　この場合、原則的な計算方法では社会福祉充実財産が生じるため社会福祉充実計画を策定する必要があります。一方、計算の特例を適用した場合には、社会福祉充実財産が０円を下回っていますので、社会福祉充実計画を策定する必要はありません。

索引

〈編著者プロフィール〉

辻・本郷 税理士法人

　平成14年4月設立。東京新宿に本部を置き、日本国内に60以上の拠点、海外5拠点を持つ国内最大規模を誇る税理士法人。

　税務コンサルティング、相続、事業承継、医療、M&A、企業再生、公益法人、移転価格、国際税務など各税務分野別に専門特化したプロ集団。

　弁護士、不動産鑑定士、司法書士との連携により、顧客の立場に立ったワンストップサービスとあらゆるニーズに応える総合力をもって業務展開している。

〒160-0022

東京都新宿区新宿4-1-6 JR新宿ミライナタワー28階

TEL　03-5323-3301㈹ / FAX　03-5323-3302

URL：https://www.ht-tax.or.jp

〈執筆者〉

菊池　典明（きくち のりあき）社会福祉法人部 パートナー、税理士

内田真理子（うちだ まりこ）社会福祉法人部 シニアマネージャー（八戸事務所）

小野　浩司（おの こうじ）社会福祉法人部 シニアコンサルタント

戸塚　裕也（とつか ひろなり）社会福祉法人部 マネージャー、公認会計士・税理士

大橋みなみ（おおはし みなみ）社会福祉法人部

知念　和音（ちねん かずね）社会福祉法人部

箕輪　彩夏（みのわ あやか）社会福祉法人部

髙山　智之（たかやま ともゆき）社会福祉法人部

解けばしくみがわかる

入門　社会福社法人の会計・税務Q&A
〈演習問題付き〉

令和3年3月20日　第1刷発行
令和6年3月31日　第5刷発行

編　著　　辻・本郷 税理士法人

発　行　　株式会社 **ぎょうせい**

〒136-8575　東京都江東区新木場1-18-11
URL：https://gyosei.jp

フリーコール　0120-953-431

ぎょうせい　お問い合わせ　検索　https://gyosei.jp/inquiry/

〈検印省略〉

印刷　ぎょうせいデジタル㈱　　　　　　　　　　©2021 Printed in Japan
＊乱丁・落丁本はお取り替えいたします

ISBN978-4-324-10950-2
(5108686-00-000)
〔略号：入門社福〕